탐욕의 땅, 미쓰비시 사도佐渡광산과 조선인 강제동원

강제동원 & 평화총서 19

탐욕의 땅, 미쓰비시 사도佐渡광산과 조선인 강제동원

초판 1쇄 인쇄 2021년 12월 15일
초판 1쇄 발행 2021년 12월 24일

글·사진 정혜경 · 허광무

펴낸이 윤관백
펴낸곳 도서출판 선인

등 록 제5-77호(1998. 11. 4)
주 소 서울특별시 마포구 마포대로 4다길 4
전 화 02-718-6252
팩 스 02-718-6253
E-mail sunin72@chol.com

정 가 10,000원

ISBN 979-11-6068-645-6 94900
        978-89-5933-473-5 (세트)

강제동원 & 평화총서 19

탐욕의 땅, 미쓰비시 사도佐渡광산과 조선인 강제동원

글 · 사진 정혜경 · 허광무

육지(니가타현)에서 멀리 떨어진 외딴 섬 사도(출처: doopedia.co.kr)

일본 니가타현新潟縣은 노벨문학상 수상작가인 가와바타 야스나리川端康成의 장편소설『설국』의 배경이 된 곳이다. 소설은 주인공인 시마무라가 도쿄東京에서 기차를 타고 북쪽으로 올라가 터널을 지나 눈이 쌓인 역을 맞는 것에서 시작한다.

그러나 니가타현에는 이렇게 낭만적인 소설의 배경만 있는 것은 아니다. 니가타항에서 쾌속선을 타고 1시간을 가면 만나는 섬, 사도섬은 일본 중세 시기부터 유명한 귀양지이자 1601년에 문을 연 사도광산이 있었던 곳이다. 1434년에 사도섬에서 유배 생활을 했던 제아미世阿彌(1363~1443, 예능인)는 사도섬을 '금의 섬'이라 표현했다.

한반도 지도와 비슷한 지형을 가진 섬.

일본 에도시대에 금의 섬, 사도는 한번 들어가면 빠져나올 수 없는 곳이었다. 절해고도絶海孤島의 섬에서 죄수들은 금과 은을 캤다. 광산 생활이 얼마나 참혹했는지 에도江戶시대 광부들의 수명은 2~3년에 불과했다고 한다.

2019년 5월 찾은 곳, 사도섬의 아이카와相川 숲속에 빈터.

팻말 하나 없지만 바로 조선인 광부들의 식당이 있던 곳이다. 조선에서 머나먼 이곳에 온 조선인은 누구였을까. 미쓰비시광업(주) 소속 사도광산이 동원한 이들이었다. 일본이 아시아태평양전쟁을 일으키고 조선인 등 아시아태평양지역의 민중을 동원하던 시기에 사도광산이 동원한 조선인은 최대 1,200명이나 되었다고 한다.

조선인들은 시모야마노가미마치下山之神町의 야마노가미山之神사택, 신고로마치新五郎町의 제1상애료, 스와쵸諏訪町의 제3상애료, 지스케마치治助町의 제4상애료 등 총 4개소의 합숙소일명 함바와 사택에서 생활했다. 이 식당은 그 가운데 제1 상애료라는 이름의 합숙소에 딸린 식당이다.

조선인들은 합숙소 식당에서 밥을 먹고 갱구까지 1시간 반을 걸어서 매일 다녔다. 평탄하지 않고 거친 산길을 오르내린 대가는 부상과 진폐 후유증이었다. 진폐 후유증 사망자가 적지 않은 이유이다.

1601년부터 일본 정권을 위해 금과 은을 캤고, 일본의 침략전쟁을 뒷받침하기 위해 조선 민중을 동원해 구리를 캤던 곳. 사도섬은 지금 곳곳에 세계유산 등재를 바라는 입간판으로 가득하다. 세계유산 등재를 위한 모든 준비는 끝난 듯 보였다.

'사도금은산 – 금을 중심으로 하는 사도광산 유산군'. 니가타현과 사도시가 등재를 준비하는 세계유산의 주제이다. 이 주제에서 절대 빠질 수 없는 역사가 있다. 반드시 세계시민이 공유해야 하는 완전한 역사Full History.

무엇이 완전한 역사인가. 바로 2~3년을 채우지 못하고 목숨을 잃었던 일본 전국戰國시대 광부들의 사연이다. 40대 나이에 진폐 후유증으로 세상을 떠난 이들의 아픔이다. 그리고 조선인 강제동원이라는 사실事實이다.

조선인 합숙소(제1 상애료) 식당 자리

벌어진 산의 모습, 오랜 세월 광석을 캔 흔적

벌어진 산의 깊이는 70m, 상단의 가장 넓은 폭이 30m에 달한다.

선착장의 홍보 게시물

광산 현장의 홍보 게시물

차 례

프롤로그 · · · · · · · · · · · · · 6

1 임진왜란의 전쟁 자금! 침략전쟁, 아시아태평양전쟁의 전비! 13

2 도쿄의 긴자(銀座)가 지명이 아니었다고요? · · · · · · 16

3 3~5년을 버티지 못하는 광부의 목숨 · · · · · · · · · 19

4 사도광산은 어느 기업 소속인가? · · · · · · · · 22

5 사도광산에는 언제부터 조선인이 있었나? · · · · · · · 25

6 사도광산은 언제부터 조선인을 동원했을까? · · · · · · 28

7 누가 어떻게 사도광산 조선인을 단속했나? · · · · · 31

8 철저히 단속하는데 저항할 수 있었을까? · · · · · · 36

9 사도에서 돈을 벌어 왔다고? · · · · · · · · · 40

10 어린아이들까지 내세워 증산을 독려했건만 · · · · · 43

11 조선인 광부들을 토건공사장에도 보냈다면서요? · · · · 46

12 왜 사도광산 생존 피해자를 찾을 수 없을까? · · · · · · 50

13. 사도광산에 동원된 피해자 명부가 있나요? · · · · · · 54

14. 사도광산 유적을 세계유산으로 등재하려 한다던데 · · · 56

15. 세계시민이 사도광산을 통해 다양하고 완전한 역사와
    만나려면 어떻게 해야 할까? · · · · · · · · · · · 68

에필로그 · 72

부록 1 : 강제동원 현존기업의 세계유산 등재 현황 · · · · · 75
부록 2 : 강제동원 현존기업(세계유산)의 조선인 강제동원 피해 현황 · 76
부록 3 : 강제동원 현존기업 미쓰비시 · · · · · · · · 79
부록 4 : 미쓰비시와 조선인 강제동원 · · · · · · · · · 84
부록 5 : 미쓰비시 강제동원, 아픈 경험, 지독한 이별 · · · · 89

참고문헌 · · · · · · · · · · · · · · · · · · · 101

임진왜란의 전쟁 자금! 침략전쟁, 아시아태평양전쟁의 전비!

사도섬이 금의 산지로 알려지기 시작한 것은 일본 헤이안平安 시대 말이었다. 당시 발간된 책에 따르면 사도에서 금을 채굴했다고 한다. 처음 사도에서 채굴한 금은 사금砂金이었다. 사도섬 마노眞野지구 니시미카와西三川 사금산이 시초였는데, 본격적인 채취는 1460년경이었다. 사금 채취를 위해 모여든 광부들로 사사가와笹川라는 마을이 만들어졌다.

1542년에는 사도에서 은광맥을 발견해 은 채굴을 본격화했다. 이를 담당한 다이묘大名. 다이묘란 10세기에서 19세기에 걸쳐 일본 각 지방의 영토를 다스리며 권력을 누렸던 영주가 있었으니 우에스기 가게카쓰上杉景勝였다.

그는 채굴한 은을 도요토미 히데요시豊臣秀吉에게 상납하고 있었다. 일본 전국의 다이묘들은 앞다투어 은 채굴에 나서고 있었고 은을 확보하는 자가 전국을 평정할 수 있었다. 당시 전 세계 은 산출량의 1/3을 차지할 정도로 일본은 다량의 은을 산출하고 있었다. 도요토미 히데요시는 상납받은 은을 전국시대戰國時代를 평정하는 데 필요한 군자금으로 사용했고, 1590년 천하를 평정했다.

그러던 1595년, 도요토미 히데요시로부터 우에스기 가게카쓰에게 명령이 하달되었다. 그 내용은 조선 정벌에 많은 군자금이 필요하니 은을 더 상납하라는 지시였다. 당시 전 세계는 은본위제로 은을 국제통화로 사용하고 있었다. 외국으로부터 다량의 무기를 수입하기 위해서는 은이 절실하게 필요했기 때문이다. 사도섬에서 은을 더 확보하기 위한 경쟁은 채굴지역 확대로 이어졌다. 그 과정에서 1601년 금맥을 발견했다. 그로부터 300여 년이 흐른 1940년대, 사도광산의 금은 아시아태평양 지역을 침략하기 위한 군자금으로 다시금 중요하게 되었다. 전근대 시기 금광산에 일본인 광부를 채굴에 투입했다면 아시아 침략을 위한 금 채굴에는 식민지 조선으로부터 조선인을 동원했다.

17세기부터 20세기에 걸친 300여년 간, 도요토미 히데요시에서 시작하여 쇼와昭和 천황에 이르기까지 한반도 침략과 영토확장의 야욕을 채우기 위해 사용된 금과 은은 금 78톤, 은 2,300톤에 이르렀다.

침략전쟁을 위해 채굴한 갱 내부

도쿄의 긴자(銀座)가 지명이 아니었다고요?

긴자는 도쿄의 번화가이자 금융기관과 백화점, 보석점들이 즐비한 고급 상점가이다. 서울로 따지면 명동 같은 곳이다. 그러나 긴자는 원래 지명이 아니라 은의 길드라는 의미를 가진 은화 주조소였다. 원래 시즈오카시静岡市에 있었는데 1612년에 도쿄로 옮겼다. 1868년에 금화 주조소인 킨자金座와 함께 긴자의 주조소 기능은 폐지되었다.

긴자는 사도광산과 뗄래야 뗄 수 없는 곳이다.

사도섬에서 사금을 발견한 시기는 일본 헤이안平安, 794~1185년간 시대 말이다. 그러나 본격적으로 금을 채굴한 것은 1601년부터이다. 이전에는 은광산이었다.

당시 정권을 담당하던 도쿠가와德川 막부는 에도지금의 도쿄에 막부라는 군사정부를 연 1601년에 사도섬을 직할령으로 지정하고 광산의 일부를 직영으로 운영했다. 그리고 사도광산을 집권기간 동안 막부의 중요한 재원으로써 개발·관리했다. 사도광산은 막부의 은행이자 화폐공장인 셈이었다.

막부가 운영하던 직영 광산에서는 고반小判, 금화의 일종이라는 형태의 화폐를 주조해 봉행소奉行所를 통해 에도로 날랐다. 사도섬에서 에도까지는 해로와 육로를 이용했는데, 400Km의 거리였으며 약 11일 동안 운반했다. 서울에서 부산간 거리가 325Km이니 400Km가 얼마나 먼 길인지 알 수 있다.

그리고 막부는 이 고반을 화폐로 주조하기 위해 킨자와 긴자를 운영했다. 이곳에서 만든 화폐는 막부의 통치자금이 되었다.

지금도 광산에서 봉행소까지 고반을 운반하는 행렬은 유명한 사도시의 문화행사이고, 항구 부근에는 봉행소가 남아있다. 봉행소는 1601년에 설치했는데, 1603년에 아이카와로 옮겼다. 그러나 막부 말기까지 다섯 번이나 불에 탔고, 1943년에 다시 화재로 타버렸다. 지금 남은 봉행소는 2001년에 복원한 것이다.

봉행소의 외관

봉행소의 내부

봉행소의 내부

봉행 행사인 '금 운반의 길' 홍보판

3~5년을 버티지 못하는 광부의 목숨

사도광산은 광부의 건강을 좀먹었다. 17세기 사도광산에서 금·은광을 개발할 무렵은 지금과 같은 기계설비나 도구, 안전장치, 의료시설을 갖추고 있었을 리 만무하니 건강을 돌아볼 수 있는 상황이 아니었다.

탄광산의 경우도 마찬가지지만, 광부에게 가장 치명적인 것은 진폐증이다. 진폐증이란 폐 속에 분진이 쌓여 폐 세포에 염증과 섬유화가 일어나는 현상을 말한다. 폐 조직이 손상되니 호흡이 어려워지는 것은 말할 나위 없다. 생명에 치명적일 수 밖에 없다.

사도광산 광부들의 폐를 망가뜨린 가장 큰 요인은 채굴 시 갱내에 축적된 돌가루였다. 근대국가 이전 시기에는 여기에 더해 칠흑같은 어둠을 비추기 위해 사용한 횃불의 유독가스가 광부의 폐를 괴롭혔다. 따라서 광산 채굴에는 유독가스와 분진을 제거하기 위한 공기 순환이 절대적으로 필요했다. 그래서 개발된 기술이 광맥을 따라 굴진하는 갱도와 평행하게 공기 순환용 갱도를 함께 파는 기법이었다.

아울러 광부들을 괴롭혔던 것은 물이었다. 암반에 스며든 지하수가 갱도에 차올랐는데 이를 배출하기 위해 갱도 양옆에 물길을 터 외부로 흘러나가게 단차를 두었다. 당시로서는 상당한 기술이었다고 한다. 그래도 차오르는 지하수 문제를 깔끔하게 해결할 수는 없었다.

금과 은을 파기 위해 사도섬을 찾은 광부들은 기껏해야 3~5년 정도밖에 일할 수 없었다. 진폐를 불러오는 가혹한 환경, 광산 지형을 변형시킬 정도의 중노동, 그리고 낙반, 매몰 등 사고로 인해 대부분이 생명을 잃었기 때문이다. 40세를 넘을 때까지 살아남는 광부는 거의 없었다고 한다. 제 아무리 공기순환용 통풍구를 파 놓고 신기술이라 한들 광부들은 쏟아지는 돌가루를 이겨내지 못했다. 실로 목숨을 대가로 얻은 금 · 은이라 할 수 있다.

천정에서 벽에서 떨어지는 광석들, 위험한 현장

사도광산은 어느 기업 소속인가?

사도광산은 어느 기업 소속인가?

사도금산이라는 글자 옆에 미쓰비시 마크가 선명한 것을 보면 미쓰비시 소속임이 확실하다.

사도섬은 수십 개의 광산이 있던 곳이다. 정권을 차지한 도쿠가와 이에야스는 1601년에 사도섬을 천령天領이라는 직할령으로 지정하고 1603년에 광산의 일부를 직영으로 운영했다.

그러다가 막부정권이 몰락하고 메이지明治 정부가 들어서자 정부의 관유화 조치에 따라 1868년 공부성工部省이 소유하게 되었다. 공부성은 영국인 광산 기술자를 초빙해 근대적 광산기술을 도입하고 생산량을 늘렸다.

공부성 소속이던 사도섬의 광산들은 농상무성農商務省과 대장성大藏省을 거쳐 1889년 궁내성宮內省 어료국御料局 소유로 바뀌었다. 그러나 몇 년 지나지 않은 1896년에 미쓰비시 합자회사의 손에 넘어갔다. 그 후 1918년 미쓰비시가 미쓰비시광업(주)을 설립하자 미쓰비시광업(주)으로 소속이 바뀌었다.

미쓰비시는 1871년 5월부터 탄광업을 시작했다. 미쓰비시 그룹의 일원인 미쓰비시광업(주)은 일본이 아시아태평양전쟁에서 패전할 당시 일본에서 46개소의 탄광18개소과 광산28개소을 운영했다. 일본 외에 한반도와 중국 만주, 동남아시아, 사할린 등에서 운영한 탄광과 광산을 합하면 규모는 훨씬 많았다. 대부분이 조선인을 동원한 곳이다.

사도광산은 일본 패전 이후에도 금 채굴은 계속했으나 바다 아래 갱내 채광장이 수몰하면서 1952년부터 일부 시설을 폐쇄하기 시작했다. 그리고 1989년 3월 모든 채굴을 중단하고 미쓰비시 머티리얼미쓰비시광업(주)의 후신의 자회사인 (주) 골든 사도가 운영권을 인수했다. 1896년부터 1989년까지 미쓰비시가 채굴했던 세월은 무려 103년이었고, 지금도 미쓰비시 그룹 소속이다.

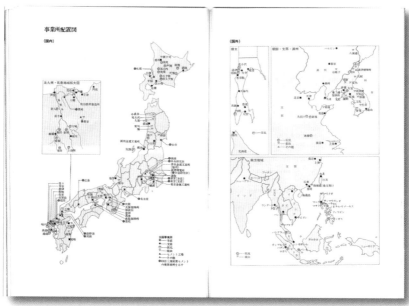

미쓰비시 시멘트(주) 총무부가 1976년 출간한 『미쓰비시광업사사(三菱鑛業社史)』 화보 중 소속 일제시기 탄광산 현황

미쓰비시 마크가 선명한 벽

건물 기와에 새긴 미쓰비시 문양

5

사도광산에는 언제부터 조선인이 있었나?

1889년 1월, 궁내성 어료국은 사도섬에 사도광산학교를 설치했다. 광산학교를 설치한 목적은 광산 종업원 자제를 양성해 유능한 기술자를 육성하기 위함이었다. 광산학교는 수업연한이 정과正課 1년 반, 예과 3년이었는데, 정과에는 채광학과, 야금학과, 기계학과, 건축학과 등이 있었다. 1892년 4월 제1회 졸업생을 배출했는데, 졸업생 가운데에는 조선인 박창규朴昌圭, 구연수具然壽, 박치운朴致雲의 이름을 볼 수 있었다. 사도 광산 최초의 조선인이다. 이들은 일본어 통역을 대동하고 근대 광산학을 배웠다.

이들이 사도광산학교에 입학한 배경에는 조선 정부의 광산 정책이 있었다. 조선 정부는 광산의 중요성을 인식하고 1885년부터 각 감영에서 개광에 착수하도록 했다. 또한 1887년 5월에는 광무국을 설치해 이용익李容翊을 함남 광무감리로 임명하는 등 본격적으로 채굴하기 시작했다.

사도광산학교에 입학한 3명의 조선인은 이후 일본과 밀접한 관계를 유지했다. 박창규는 1905년 3월 러일전쟁 '일본전승축하특파대사'의 수행원으로 일본을 방문했고 박치운은 1894년 일본군이 동학군 토벌할 당시 통역으로 일했다. 이 가운데 가장 두드러진 인물은 구연수이다. 구연수는 1895년 10월 명성황후 시해사건 당시 유체 소각에 관여해 일본으로 망명한 인물이다.

이후 미쓰비시합자가 인수한 사도광산은 타국인사도섬 외부인을 채용하기 시작했다. 미쓰비시광업(주)이 작성한 자료1902~1929년간에서 조선인 노동자를 21명 확인할 수 있다. 이들은 돈벌이를 위해 멀리 사도광산에 온 조선인들이다. 이들의 고향은 경남 8명, 충북·충남·전남·경북이 각각 2명씩이고, 전북 1명, 불명이 1명이다.

이같이 21명에 불과했던 사도의 조선인 광부는 일본이 아시아태평양전쟁을 일으킨 후 큰 규모로 늘어났다.

A : 아이카와 금은산
B : 쓰루시 은산
C : 니시미카와 사금산

사도섬(佐渡島)의 현재까지 확인된 광산 분포도와 '금을 중심으로 한 사도광산 유산군'

6

사도광산은 언제부터 조선인을 동원했을까?

사도광산의 조선인 강제동원은 당국이 정책 실시하기 이전부터 시작되었다.

한반도에서 일본지역으로 노무자 송출은 1939년 7월 28일 일본 내무성 · 후생성 차관이 내린 정책 통첩조선인 노무자 내지 이주에 관한 건에 따라 9월부터 실시했다. 그러나 사도광산은 이보다 앞선 1939년 2월부터 조선인 동원을 시작했다. 사도광산 측이 조선인을 청부제로 동원하고 활용했기 때문이다. 이같이 당국이 정책을 수립해 운영하기 전부터 사도광산에서는 강제동원을 실시하고 있었다.

사도광산 측은 1939년 2월 할당모집 방법으로 충남지역 출신자들을 제1진으로 동원했다. 제1진으로 입산한 조선인의 정확한 규모는 알 수 없다. 다만 노무과원이 "1촌락 당 20명의 모집을 할당"했다고 한 것으로 볼 때 수십 명 단위였던 것으로 보인다.

당시 노무과원은 "내지인*일본인을 의미 갱내노무자에게 규폐진폐환자가 많아 출광 성적이 기대에 미치지 못하고 내지의 젊은이들이 군대로 가야 하기 때문"에 조선인을 동원한다고 했다.

현재 사도광산이 남긴 자료에 따르면, 1940년 2월부터 1942년 3월까지 총 6차에 걸쳐 1,005명의 조선인을 동원했다. 이후에도 동원은 그치지 않앉다. 충남지역에서 시작한 조선인 동원 지역도 경북, 전남, 전북, 충북, 함남 등으로 넓어졌다.

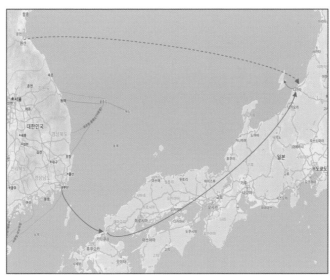

징용 가는 길

① 실선 : 부산에서 니가타를 거쳐 사도로 가는 길
② 점선 : 원산에서 니가타를 거쳐 사도로 가는 길

동료들과 징용 가는 조선 청년. 소화 16년, 즉 1941년이라는 글자가 선명하다.
(재일코리안생활문화자료관 소장 자료http://www.halmoni-haraboji.net/exhibit/
archives/sheet02/sheet2-chouyou.html)

끝없이 긴 갱도, 끝나지 않는 강제노동

누가 어떻게 사도광산 조선인을 단속했나?

자료가 있다. 미쓰비시광업(주) 사도광업소가 작성한 자료이다.

1943년 6월, 사도광산측이 감독기관인 도쿄광산감독국과 대일본산업보
국회, 도쿄지방광산부회에 제출한 보고서문서번호 855호이다. 제목은 「조선인
노무관리에 대하여半島勞務管理二就テ」이다.

강제동원한 조선인의 현황은 어떠하며, 이들을 어떻게 관리할 것인를 꼼
꼼히 적은 자료이다. 하루 일과도 날짜별로 빠짐없이 기록했다.

사도광산의 조선인들은 누가 관리하고 단속했는가.

사도광산의 조선인들을 관리하는 주체는 세 가지였다. 첫째는 조선인을
직접 고용했던 미쓰비시광업이다.

두 번째는 일본금속연합회1941년 이후 광산통제회, 도쿄광산감독국, 대일본산
업보국회, 도쿄지방광산부회 등 반관반민 기관이었다.

세 번째는 특별고등경찰과 협화회가 있었다.

당시 경찰은 기능에 따라 일반경찰과 보통경찰·고등경찰과 특별고등경
찰로 나누었다. 일반경찰과 보통경찰이 '형사, 보안, 교통, 소방, 위생 등'
을 담당한다면 고등경찰과 특별고등경찰은 국가와 사회 전체의 안녕 질서
에 관한 사항을 담당했다. 그러므로 특별고등경찰이 사도광산의 조선인 광
부를 담당하는 것은 당연한 업무였다.

협화회는 경찰서 단위로 설치한 조선인통제조직이다. 협화회 수첩을 통해 조선인의 이동까지 통제했다. 그러므로 사도광산의 조선인은 아이카와 지역의 경찰조직과 1939년 발족한 니가타현협화회 아이카와 지회의 통제 아래 놓여 있었다.

이같이 사도광산의 조선인은 중층적이고 촘촘한 통제 상태에 놓여 있었다.

1943년 6월, 사도광산측이 작성해서 보고한 자료에 따르면, 1942년 3월 기준으로 1,005명의 조선인을 동원했는데, 이 가운데 10명이 사망했다.

광산 측이 작성한 조선인 관리 지침 「半島勞務管理ニ就テ」(1943년 6월)

計	晋陽	論山陽	燕扶餘蚊山	扶餘山	公州扶餘山	忠南論山	出身道別	移入
(100%) 1,005	79	127	153	300	248	98	移入數	募集又ハ斡旋 / 募集 / 年月
	2年	2年	2年	3年	3年	3年	期間	
(0.9%) 10		1	2	3		3	死亡	移入數及減員數
(14.7%) 148	6	12	19	51	46	14	逃走	
(0.5%) 6		1	2	1		2	公傷逸避	
(2.9%) 30	2		4	6	10	8	私症逸避	
(2.6%) 25		1	3	3	12	6	不良送避	
(7.1%) 72	5	5	31	29	2		暫歸休	
(12.9%) 130			24	74	31	1	轉出	數
(41.8%) 421	9	21	60	166	131	34	計	五月末日現在
(58.1%) 584	70	106	93	134	117	64	現在	現在
濟			濟		濟		就勞手續濟否	

광산 측이 작성한 조선인 동원 현황(「半島勞務管理ニ就テ」)

[표 1] 조선인 동원 현황

내용/연월	1940년 2월	1940년 5월	1940년 12월	1941년 6월	1941년 10월	1942년 3월	합계(%)
출신군	논산	논산,부여,공주	논산,부여	논산,부여,연기	청양,논산	청양	-
동원수	98	248	300	153	127	79	1,005명
고용기간(연)	3	3	3	2	2	2	-
사망	1	3	0	3	2	1	10(1.0)
도주	14	46	51	19	12	6	148(14.7)
공상 송환	2	0	1	2	1	0	6(0.6)
사증(私症) 송환	8	10	6	4	0	2	30(3.0)
불량 송환	6	12	3	3	1	0	25(2.5)
일시 귀국	2	29	31	5	5	0	72(7.2)
전출	1	31	74	24	0	0	130(12.9)
감원총수	34	131	166	60	21	9	421(41.9)
현재수	64	117	134	93	106	70	584(58.1)

半島勞務管理研究會會日程

（三）二十三日視察
午前 七時半 宿舍朝食
　〃 八時 入坑
　〃 〃 出坑（第三相愛察（外部）－第四相愛察（外部））
　　　　　 －共同炊事場－第一相愛察（內外部）－協和會館
　　　　　 －各宿泊旅館－第二相愛食
午後 十一時半 協和會館ニテ晝食（各宿泊旅館ヨリ搬屆）
　　 晝食後約一時間佐渡鑛業所現況ニ付キ說明　勞務課長
　午後 一時半協和會館出發
　　　 選鑛場（選鑛職員案内）－本部事務所ノ正門ノ大
　　　 山祇神社（本部職員案内）－第二相愛食（外部）－
　　　 陶ノ大間見學ノ上

午後 四時頃歸宿ノ豫定
　　　　 夕食各自宿舍ニテ後おけさ踊リ見物
　　　　（佐渡鑛敎放案内）

（四）二十四日研究會
　午前 六時半 朝鏈見學（大時五五方正門參集）
　　 七時 朝食（各宿泊旅館ニテ）
　　 八時 本部擧務所ニ集合、山ノ神集合所ニ於テ研究會
　散會
　〃 十一時 晝食（各宿泊旅館ヨリ持屆）
　午後 二時 晝食（各宿泊旅館ヨリ持屆）

（五）二十五日

以上

하루 일과를 날짜별로 수록

옹벽같은 갱 입구

갱구에서 선광장까지 이어진 광물 수송 철로

철저히 단속하는데 저항할 수 있었을까?

미쓰비시광업과 도쿄광산감독국, 그리고 특별고등경찰과 협화회는 사도 광산의 조선인을 철저히 감시하고 단속했다. 그런데도 조선인은 굴종하지 않았다.

일본의 국가총동원 체제기1938~1945에 강제동원된 조선인은 다양한 형태로 저항했다. 수백 명이 적극적으로 봉기하기도 했고, 노동현장에서 파업과 태업을 일으키기도 했다. 일본의 노동현장에서 파업과 태업으로 맞선 조선인은 10만 명이 넘었다.

동원되는 과정에서 또는 노동현장에서 탈출하는 사례는 아주 흔했다. 1939년부터 1942년까지 일본에 동원한 조선인 가운데 25만 7,907명이 현장에서 탈출을 시도했다. 1939년의 2.2%에서 1940년에는 18.7%, 1941년에 34.1%, 1942년에 38.3%, 1943년에는 39.9%에 달했다. 일본 내무성 경보국이 만든『특고월보特高月報』와『사회운동상황社會運動の狀況』이라는 경찰 자료에 나오는 통계이다.

사도광산으로 동원되는 조선인들도 사도섬에 들어가기 전에 탈출하곤 했다. 당국이 1939년 2월 처음으로 동원한 조선인 가운데 일부는 시모노세키下關나 오사카大阪에서 탈출했다고 한다.

사도광산은 니가타항에서 멀리 떨어진 섬이어서 지역민의 도움이 없이는 탈출이 불가능한 곳이다. 그런데도 조선인은 탈출을 멈추지 않았다. 사도광산이 작성한 자료에 따르면 1940년 2월~1942년 3월까지 총 148명이 탈출에 성공했다. 두 번이나 부상을 입었던 임태호도 탈출에 성공한 주인공이다. 148명의 탈출자는 동원한 조선인의 14.7%에 달했다.

[표 2] 연도별 조선인 동원자와 탈출자 현황

내용/연월	1940년 2월	1940년 5월	1940년 12월	1941년 6월	1941년 10월	1942년 3월	합계(%)
동원수	98	248	300	153	127	79	1,005명
도주	14	46	51	19	12	6	148(14.7)

　당국은 탈출자를 잡아들이기 위해 노력했다. 1943년 2월부터 5월간 탈출한 조선인을 잡아 노무조정령으로 송치했다는 경찰 자료도 있다.

　탈출 방지를 위해 여러 노력을 기울였다. 1943년에 사도광산이 만든 자료에서 찾을 수 있다. 그러나 탈출을 막지 못했다.

（一）逃亡原因

1. 自由放縦且浮動性アル性格ニヨル為
2. 附和雷同性ニヨリ計畫的逃亡者ニ引ゾラレル為
3. 渡來前ヨリノ計畫ニヨルモノ

（二）防止意見

1. 官邊、事業主協力徹底的ノ取締ノ強化
2. 朝鮮現地ノ近況（內地ノミ戰時生活ニ非ズ）ヲ充分認識セシメ
3. 逃亡仲介者ヲ嚴罰ニ附スル事
4. 半島勞務者ニ對スル世人ノ安直ナル同情心ハ禁物ニテ世人ノ認識ヲ高メル事
5. 浮浪半島人ノ使用禁止ヲ嚴行セシメル事

광산측이 조선인을 통제하기 위해 만든 문서 「반도노무관리에 대하여半島勞務管理ニ就テ」에서 탈출 관련 항목 : 당국은 탈출 원인을 강제노동실태가 아닌 '자유방임적이고 부화뇌동성이 있으며, 동원 이전부터 계획'했다고 파악했다.

바다가 가로 막는 탈출길

암흑 같은 노동현장

사도에서 돈을 벌어 왔다고?

일본 국립공문서관 쓰쿠바筑波분관에 「조선인의 재일자산조사보고철- 귀국 조선인에 대한 미불임금채무 등에 관한 조사결과」와 「경제협력 한국·105·조선인에 대한 임금미불채무조」라는 제목의 자료가 있다. 자료만 있을 뿐 개개인의 명부는 없다.

이들 자료에서 사도광산과 관련한 공탁기록을 찾을 수 있다. 1,140명의 임금 251,059.59엔을 지불하지 않고 공탁했다는 사실도 알 수 있다. 이 두 자료는 모두 사도광산에 동원한 조선인들에게도 받아야 할 임금이 있었음을 보여준다. 그런데 어떻게 되었을까.

사도광산이 작성한 자료에 따르면, 임금은 월급으로 지급하고 이 외에 각종 상여금도 주었다. 조선인 한 사람당 평균 월수입은 1943년 4월이 83엔 88전, 5월이 80엔 56전이다.

자료를 보면, 조선인에게도 임금은 있었다. 그리고 지급했다고 했다. 문제는 '어떻게 지급했는가'이다. 임금을 지급할 때 여러 비용을 공제했으므로 실제 손에 들어온 돈은 얼마 되지 않았다. 탄광 매점에서 파는 우동을 사먹으면 없어지는 돈이었다.

광산측이 공제했다는 여러 비용이라면 무엇을 말하는가. 조선인을 동원할 때 들어간 비용차비, 식비, 숙박비, 조선총독부에 지급한 비용 등과 노동에 필요한 도구비곡괭이, 칸델라 등등, 후생연금보험, 각종 연금보험을 공제하는 것을 의미한다.

또한 조선인은 급여를 강제로 저축하도록 했다. 광산측은 '저축심의 함양 방책'이라는 명분을 내걸고 '저축액번부표貯蓄額番付表'를 작성하거나 저축장려금을 지급하는 방식으로 저축하도록 했다. 이같이 저축을 강요한 결과 1944년 8월 조선인 광부의 국민저축액은 41,109엔이었고 1인당 저축액은 106엔 64전이었다. 그리고 당국은 이렇게 저축한 돈을 조선인에게 돌려주지 않고 1949년 2월에 모두 공탁해버렸다. 그런데 무슨 수로 돈을 벌어서 돌아올 수 있었겠는가.

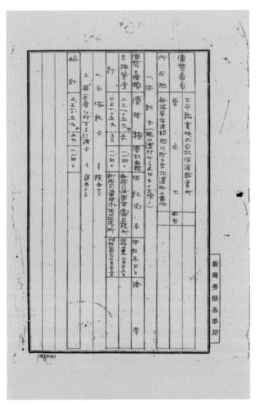

사도광산 조선인 광부 본인에게 돌려주지 않고 공탁해버린 내역. 이름이 없이 총액만 남아서 개인이 돌려받을 수 없다.

어린아이들까지 내세워 증산을 독려했건만

1943년 8월 22일 『니가타新潟일보』는 「현지보고」라는 기사를 실었다. 기자가 사도광산에 가서 현장을 경험한 르포기사였다. 기사 내용을 살펴보자.

> 사도광업소 문에는 "완승完勝은 매일같이 목표를 돌파하는 것으로부터, 증산은 불굴불요不屈不撓의 전의戰意로부터, 근로와 무사고로 쳐부수자 미·영을"이라는 표어가 붙어 있다.
>
> 오전 6시 10분, 문 남측에서 아이카와 국민학교 어린이 수십 명이 출근하는 광부들에게 "여러분, 좋은 아침입니다. 적국 미·영을 쳐부수기 위해 오늘도 증산에 힘써 주세요"라며 말을 건넨다.
>
> 갱내에서는 작업에 앞서 "일동 궁성을 향해 요배를 하는데 칠흑같은 갱도 안쪽을 향해 절을 하고 전몰장병과 전선 장병들에게 감사의 묵도를 한 후 이세신궁과 산신령에 배례하고 마지막으로 모두 목소리를 맞춰 협화회協和會 강령을 제창했다."
>
> 그 다음에 "사무실 직원이 총출동해 빈틈없는 작업지시가 시작됐다." 작업지시란 당일 할당 지역의 업무를 광부에게 전달하는 것이다.
>
> "사도광산은 2개조로 나누어서 매일 채광 성적을 게시, 산업전사의 경쟁심 유발로 증산 실적 확대에 경주했다."
>
> * 広瀬貞三, 「佐渡鉱山と朝鮮人労働者(1939~1945)」

* 협화회協和會, 교와카이 : 일본 본토에 거주하는 조선인을 감시 · 통제하기 위한 조직
* 이세신궁伊勢神宮 : 일본에서 가장 큰 규모의 신사神社이다. 일본 중세시대 이후 이세신궁이 모시고 있는 아마테라스태양신가 일본의 수호신으로 숭앙받으면서 일본인이라면 누구나 일생에 한 번 쯤 참배해야 한다고 할 정도로 상징적인 신사가 되었다.

신문기사를 보면, 어린 학생들이 아침 6시 10분에 광산 입구에 와서 일하러 가는 광부들을 독려하는 모습이 있다. 더 많은 광석을 캐서 군수물자로 만들기 위해 어린 학생들을 새벽부터 동원한 것이다. 광부들의 경쟁심을 유발하기 위해 매일 채광한 성적을 벽에 붙여놓기도 했다. 당시 사도섬이 어떠한 분위기에 있었는지 알 수 있다.

니가타 일보 기사1943년 8월 22일

조선인 광부들을 토건공사장에도 보냈다면서요?

사도광산의 조선인 광부들 가운데에서도 굴 파는 일에 동원된 이들이 있었다. 당국은 패전이 임박한 1945년 6월 '군긴급공작대軍緊急工作隊'라는 이름으로 사이타마현과 후쿠시마현으로 조선인을 보냈다. 정확한 인원은 알 수 없다. 이보다 앞선 4월에 후쿠시마현으로 갔던 조선인도 있었다. 전남 진도군 출신 박□혁이다. 8월 1일에는 전국광산특별정신대 제1차 189명과 제2차 219명 등 총 408명을 각각 사이타마현埼玉縣과 후쿠시마福島현으로 파견해 지하공장 건설에 동원했다.

사이타마현으로 간 제1차 정신대원들은 군의 지하시설을 조성했고, 히타치日立항공기(주) 히가시마쓰야마東松山공장 건설 공사장과 나카노지마中島비행기회사 요시미吉見 지하공장 공사장에도 동원되었다. 후쿠시마현으로 간 제2차 정신대원은 약 3만 3천 평방미터의 내탄지하공장 건설 공사信夫山에 동원되었다.

사이타마와 후쿠시마로 전근되었던 조선인 광부들은 1945년 8월 26~28일간 319명이 사도로 돌아왔다. 본래 파견자는 408명이었는데, 89명이 행방불명이 되었다. 사이타마와 후쿠시마 현지에서 행방불명이 되었는지, 사도로 돌아오는 길에 행방불명되었는지는 알 수 없다.

이들은 왜 산속으로 들어가서 굴을 팠을까.

1944년 11월부터 일본 전역은 불바다를 면치 못했다. 미군이 하루가 멀다 하고 전국 각지에서 공습했기 때문이다. 당시 일본은 미군의 공습에 대응할 능력이 없었다. 미군의 폭격기를 막을 대공포는 작동하지 않았기에 속수무책으로 소이탄의 공격을 받아야 했다. 유일하게 일본이 할 수 있었던 것은 산속에 굴을 파고 군수공장을 옮기는 일이었다

일본은 1944년 11월 미군의 대대적인 공습을 맞아 1945년초부터 비행기 공장 등 필수 군수공장의 지하화에 착수했다. 일본 당국은 1945년 2월 23일에 '공장긴급소개요강'을 각의결정했다. 야산에 지하공장을 마련하거나 공습의 위험이 적다고 예상되는 조선으로 군수공장을 이전하는 방안이었다. 당국의 정책으로 항공기 등 주요 병기공장을 산속으로 이전하는 작업을 시작했다.

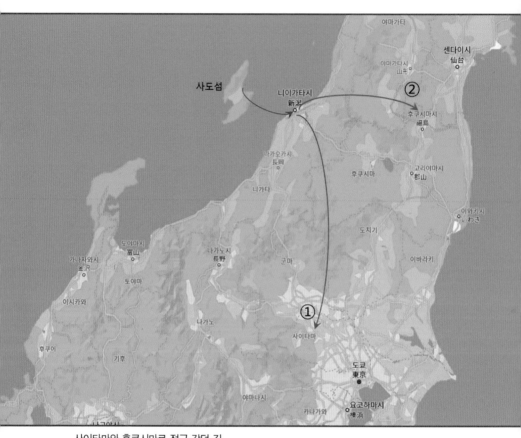

사이타마와 후쿠시마로 전근 갔던 길
① 사도섬에서 사이타마현으로 전환배치
② 사도섬에서 후쿠시마현으로 전환배치

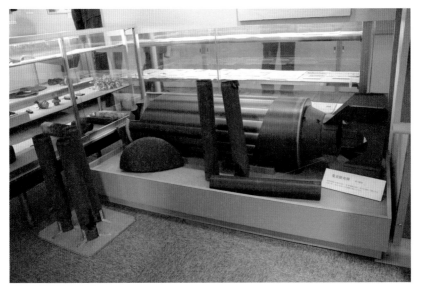

소이탄 모습(도쿄대공습전재자료센터 소장 사진. 2010.2.27 수요역사연구회)

소이탄燒夷彈

소이탄은 폭탄, 총포탄, 로켓탄, 수류탄 등 탄환류 속에 소이제燒夷劑를 넣었다 해서 붙여진 이름이다.

사용되는 소이제에 따라 황린黃燐 소이탄, 터마이트termite 소이탄, 유지油脂 소이탄으로 분류했다. 일본에 투하한 것은 대부분 기름을 넣은 유지 소이탄.

소이탄의 크기는 여러 가지가 있으나, 직경 30cm 정도, 길이 50cm 정도의 원통형 함석을 사용하는 경우가 많았다.

작은 규모의 소이탄(사진에서 세워둔 폭탄)을 조금 큰 원통에 넣고 다시 더 큰 원통에 넣었으므로 폭탄을 투하하면 1개의 폭탄에서 수십 개의 폭탄이 떨어지는 식이었다. * 사진 참고

보통 쓰이는 150~400갤런짜리 폭탄을 투하하면 2000℃의 고열을 내므로 소이탄 한 발로 2500㎡ 면적을 태울 수 있을 정도의 대단한 화력을 가졌다.

소이탄은 제2차 세계대전 중 필리핀 작전 시 미군이 처음 사용했고, 일본 본토 공습, 한국전쟁과 베트남 전쟁에서 큰 효과를 거두었다.

소이탄이 도로에 떨어지면 불꽃이 여기저기 옮겨 붙으면서 기름과 섞여 화력은 더욱 강해진다. 그 때문에 인명과 재산 파괴는 가공할 정도였다.

왜 사도광산 생존 피해자를 찾을 수 없을까?

왜 그럴까.

한국 정부국무총리 소속 대일항쟁기 강제동원피해조사 및 국외강제동원희생자 등 지원위원회에서 피해판정을 한 사도광산 피해자는 148명이다. 이 가운데 9명이 현지에서 사망했고, 73명이 후유증을 신고했다. 충남 청양군 출신의 유성현은 동원된 후 3개월 만에 갱내 사고로 사망했다.

그런데 73명이나 되는 피해자가 신고한 후유증 가운데 다수는 진폐증이다. 73명 가운데 30명이 진폐증으로, 15명이 폐질환으로 신고했다. 이를 통해 45명이 진폐증을 앓았음을 알 수 있다. 반수 가까운 광부들이 진폐증의 고통을 경험한 것으로 보인다. 그리고 73명 가운데에는 1970년대 사망자가 많이 있었다. 피해 신고자 절반에 가까운 진폐증 후유증이 생존피해자를 찾을 수 없는 이유 가운데 하나가 아닐까.

진폐증은 탄광부들에게 고통을 안겨준 대표적인 후유증이다. 당시 일본에서는 규폐증이라고 불렀다. 규석이 원인이라고 판단했기 때문이다. 그러나 진폐의 원인은 규석에 포함된 규산 외에 석면, 시멘트, 철, 보크사이트 등 다양했다. 일본은 1930년 「광산법」에 따라 규폐를 직업병으로 인정했고, 1960년에 명칭을 진폐로 바꾸었다.

진폐증이란 무엇인가. 갱내에서 암석을 다이너마이트로 폭발할 때 산산

조각이 난 돌이 먼지가 되어 공기 중에 떠돌게 된다. 먼지는 3~5미크론 정도로 아주 미세해서 눈으로 보면 연기처럼 보일 뿐이다. 50cm 높이에서 아래로 떨어지는 데 2시간이나 걸릴 정도로 아주 가벼운 가루인데, 인간이 그 먼지 속에서 작업을 하면 먼지는 다시 공중으로 떠다니게 된다. 연기처럼 보이는 가루는 현미경으로 보면 창처럼 끝이 뾰족하다. 이 분진이 폐를 찌르면서 쌓이면 폐가 딱딱하게 굳어지는데, 이것을 섬유화한다고 한다. 이 상태에서는 이산화탄소와 산소의 교환이 어려워져서 호흡이 곤란해진다. 이것이 진폐증이다.

강제동원 피해자 찾는 법 : 지나가는 마을 주민들에게 물어 물어

강제동원 피해자를 찾는 방법은 주로 당시 상황을 알만한 연령대의 주민들을 상대로 이루어졌다.

철근 갈고리가 선명한 갱의 흔적

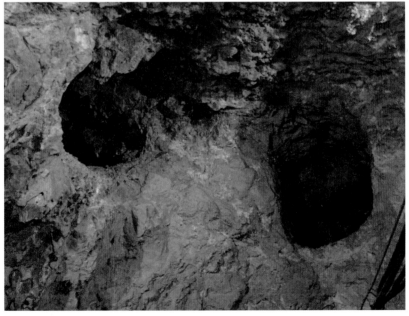
광석을 캐기 위해 광부들이 팠던 구멍

사도광산에 동원된 피해자 명부가 있나요?

1946년 6월 17일, 일본 후생성 근로국은 전국 지자체에 '조선인 노무자에 관한 조사의 건'이라는 제목의 통첩을 내렸다. 전쟁 기간 중 조선인을 동원했던 사업장이 동원한 조선인의 이름과 본적지, 생년월일, 동원기간, 미불임금 등을 적어서 제출하도록 한 통첩이었다. 그러나 미쓰비시광업(주)은 사도광산에 동원한 조선인 명단을 제출하지 않았다.

이같이 미쓰비시광업(주)이 감추려던 조선인 광부 명부는 사도섬에 있는 사도시 사도박물관에서 찾을 수 있었다. '조선인 연초 배급명부'와 '조선총독부 지정연령자연명부'라는 이름의 자료이다. 2019년 니가타에서 활동하는 연구자 사토 타이지佐藤泰治를 통해 알려졌다.

조선인 연초 배급명부는 사도시 사도박물관이 1980년초에 수집한 총 4개소의 노무자 숙소와 1개소의 사택에 거주한 조선인 명단인데 일부이다. 조선인 연초배급명부는 회사 측에서 광부들에게 담배를 지급하는 과정에서 생산한 명부이다. 담배는 강제동원 현장에서 당국이 노무자들에게 지급한 필수 품목이었다. 어린아이들도 지급 대상이었다.

조선인 연초 배급명부에는 463명일본인 3명 포함이 있다. 이름과 생년월일, 이동 관련 정보, 작성 일자 등을 수록하고 있다. 이름만 있는 경우도 있다.

조선인들 숙소와 가까운 곳에 있던 전당포 겸 담배가게로 사용하던 오래

된 집舊家을 소각하기 직전에 찾은 자료이다. 1943년 및 1945년에 기숙사에 있었던 약 460명의 조선인 이름과 생년월일을 알 수 있게 되었다.

조선총독부 지정연령자연명부는 총 4장의 사본에 100명의 이름과 생년월일, 본적지, 거주 장소, 처리, 통通번호 등 총 6개 항목을 기재한 자료이다. 누가 언제 작성했는지는 알 수 없다.

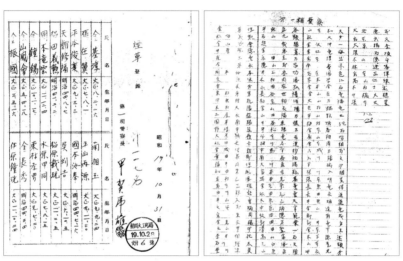

조선인 연초배급 명부   다른 양식의 연초배급 명부

조선총독부 지정연령자 연명부

사도광산 유적을 세계유산으로 등재하려 한다던데

사도섬사도시에는 28개소의 광산이 있었다. 이 가운데 가장 대표적인 지역은 아이카와 지역이다. 일반적으로 사도광산이라 부르는 곳은 아이카와 지역의 광산과 관련 시설이다. 조선인을 가장 많이 동원한 곳도 아이카와 지역이었다.

사도광산은 1967년 일본의 사적지로 지정되었고, 2007년 일본의 지질 100선에 선정되었다. 현재 갱도의 총 연장 약 400km 가운데 300m 정도를 관광 노선으로 개발해 매년 봉행 축제와 금광축제 등을 열고 있다. 또한 2010년부터 '사도금은산 - 금을 중심으로 하는 사도광산 유산군'이라는 주제로 세계유산 등재를 준비하고 있다.

사도광산은 2010년부터 일본의 세계문화유산 등재 잠정 목록에 올라가 있다. 잠정 목록에 올라가 있다는 것은 언제든 세계문화유산 등재 신청을 할 수 있는 후보라는 의미이다.

일본 문화심의회 세계문화유산부회는 '사도금은산 - 금을 중심으로 하는 사도광산 유산군'을 2017년부터 2019년까지 3년 연속 추천 후보로 선정했다. 2021년 11월 23일, 일본 문화재청은 사도금산을 유네스코 세계문화유산의 '유일한 후보'로 심의 중이라고 밝혔다. 이같이 사도광산은 현재 일본에서 가장 유력한 세계유산 후보이다.

사도시와 니가타현은 현재 2022년에 일본 국내 후보를 거쳐 이코모스 ICOMOS, International Council on Monuments and Sites, 국제기념물유적협의회의 현지 조사를 마친 후 2023년에 세계유산위원회에서 세계유산으로 정식 결정되고자 준비 중이다.

사도광산의 역사는 1601년부터이지만 등재하려는 유적의 대부분은 메이지 시기의 유적이다. '사도금은산 – 금을 중심으로 하는 사도광산 유산군'에서 에도시기 유적은 오마항大間港 부근에 설치한 봉행소와 일부 갱에 불과하다. 그 외 대부분의 유적은 메이지 이후 시기이다. 어마어마한 위용을 자랑하는 부유 선광장도 1938년에 만들었다.

도유갱道遊坑 : 1899년 개광
수갱竪坑 : 1857년 완성
기계공장 : 1899년 건설
제련장 : 메이지 유적
선광장 : 메이지 유적
화력발전소 : 1907년 건설
오마항 : 1886년 건설
도광장搗鑛場 : 낮은 등급의 광석을 분해한 후 수은을 사용해 금을 회수하는 시설. 메이지시기 건설되었다가 1924년 화재로 소실된 후 1925년 신설
화약고 : 1935년 건설
조쇄장粗碎場 : 1938년 건설
부유 선광장 : 1938년 건설
저광사 : 1938년 건설
농축장치 : 1940년 완성

현재 세계유산 등재를 추진하고 있는 니가타현과 사도시는 사도광산의 역사에서 빠질 수 없는 조선인 강제동원과 관련한 역사적 사실을 어떻게 반영할 것인가.

아이카와(相川) 근대화유산 위치도

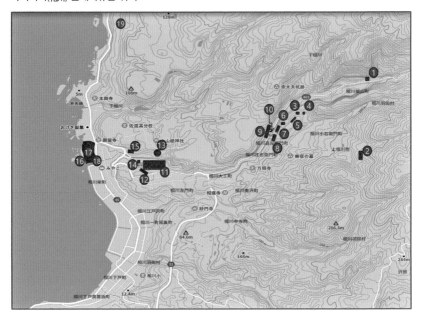

❶ 오다테 수직갱 및 권양기	❽ 저광산	⑮ 어료국 사도지청 터
❷ 가미아이카와 화약창고	❾ 아이노야마 제련소	⑯ 오마항 방벽
❸ 다카토갱	❿ 아이노야마 아치 다리	⑰ 오마항 트러스트교, 로더교각, 크레인 받침대
❹ 도유갱	⓫ 기타자와 부유선광장	⑱ 오마항 벽돌창고
❺ 사도광산 기계공장	⓬ 인크라인	⑲ 도지천 제2발전소
❻ 다카토 분쇄장	⓭ 기타자와 50m 시크너	
❼ 나카오 변전소	⓮ 기타자와 화력발전소 발전기실	

사도시 곳곳에 세운 다양한 형태의 사적지 안내판과 관광지도판

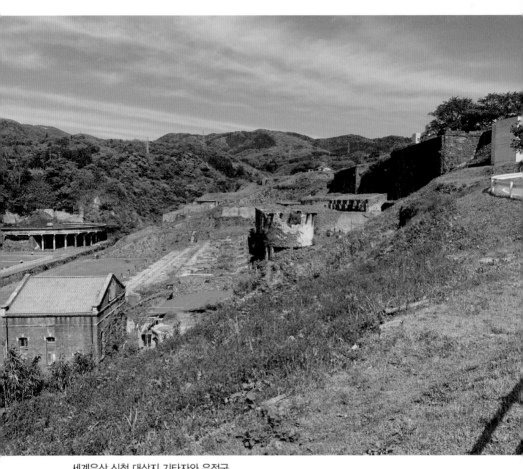

세계유산 신청 대상지 기타자와 유적군

제재 및 잡건공장

기계공장

기타자와 유적군

도광장의 전경

대형 수갱

수갱의 하단

갱 입구의 또 다른 수갱

밀차의 모습

웅장한 규모의 부유 선광장의 전경

부유 선광장의 옆 모습

부유 선광장의 하단

화력발전소

목형공장 자리가 있던 곳

세계시민이 사도광산을 통해 다양하고 완전한 역사와 만나려면 어떻게 해야 할까?

니가타현과 사도시에 가면 사도광산의 세계유산 추진을 위해 출간한 다양한 홍보 자료를 볼 수 있다. 홍보 책자는 금으로 표지 테두리를 장식해 화려하다. 홈페이지https://www.sado-goldmine.jp/towards/와 각 나라 말로 만든 리플렛도 홍보 자료로서 역할을 톡톡히 하고 있다.

홍보 자료는 에도시대부터 1989년 폐광 때까지 388년의 역사를 다루고 있다. 그런데 누가 이 고역을 감당했는지는 찾을 수 없다. 물론 조선인 광부의 존재도 없다. 2015년의 경험을 떠올리지 않을 수 없다.

2015년 일본 규슈九州 · 야마구치山口 일원의 공장 · 탄광 유적일명 산업유산군을 세계유산으로 등재 과정에서 강제동원의 역사를 감추려 부단히 노력했다. 그러나 피해국가는 물론 유네스코 회원국들의 반응은 냉담했다. 세계유산에 등재하려면 강제동원 사실을 인정하고, 완전한 역사Full History를 반영하라는 세계유산위원회의 권고를 받아들여야 했다.

결국 사토 구니佐藤地 주 유네스코 일본대사는 2015년 7월 5일, 제39회 세계유산위원회 공식 발언을 통해 등재 대상 시설에서 일본의 강제동원을 인정하고 '적절한 조치'를 약속했다.

2020년 6월, 일본은 적절한 조치의 하나로 도쿄에 산업유산정보센터를 설치했다. 그러나 산업유산정보센터는 세계유산위원회가 권고한 사항을 이행하지 않고, 오히려 역사 왜곡의 센터로서 역할을 하고 있다. 일본의 조치는 유네스코 회원들에게 큰 실망을 안겼고, 세계유산위원회는 2021년 7월 제44차 회의_{중국 푸저우}에서 일본에 강한 유감을 표명하는 결의문을 채택했다. 아울러 강한 경고성 표현과 함께 "도쿄의 산업유산정보센터를 개선할 것"을 일본 정부에 요구했다.

이같이 세계 시민들의 바람과 달리 일본은 여전히 역사 은폐와 왜곡을 계속하고 있다. 그러나 사도광산의 388년 역사는 국가권력이 다른 나라를 침략하고 정권을 유지하기 위한 도구였음을 명백히 보여주고 있다. 도요토미 히데요시는 사도광산에서 채취한 은을 조선과 필리핀을 정벌하는 군자금으로 사용했고, 도쿠가와 막부는 사도광산의 금으로 철권통치를 했으며, 아시아태평양전쟁기에는 사도광산에서 나온 구리로 전쟁물자를 만들었다. 이 과정에서 조선인을 포함한 수많은 민중들이 갱 안에서 신음해야 했다.

만약 일본의 계획대로 '사도금은산 – 금을 중심으로 하는 사도광산 유산군'을 세계유산에 등재한다면, 세계 시민들은 사도광산이 가진 고통스러웠던 민중의 역사와 만날 수 있을까. 1,200명 조선인이 경험한 강제동원의 역사도 완전한 역사에 자리할 수 있을까.

현재 세계유산위원회는 세계유산 등재 과정에서 관련국가와 협의를 하도록 하고 있다. 그러나 모든 세계유산이 관련국 협의 대상은 아니다. 현재 사도광산은 관련국 협의 대상에 포함되지 않는 유적이다. 그러므로 먼저 협의 대상으로 전환하고, 사도광산의 역사에 조선인 강제동원의 역사를 반영하도록 노력해야 한다.

세계시민이 사도광산에 깃든 다양하고 완전한 역사와 만나기 위해, 세계시민이 유네스코 정신에 입각한 세계유산을 공유하기 위해.

한글과 중국어 등으로 만든 홍보 리플렛

세계유산 등재를 위한 일정이 상세하다.

Statement by the Delegation of Japan
at the 39th World Heritage Committee
Madame Chairperson,

Thank you for the opportunity to deliver this statement on behalf of the Government of Japan.

It is quite an honor for the Government of Japan that the "Outstanding Universal Value" of this property has been duly evaluated and that, with the support of all Members of the Committee, it has been inscribed on the World Heritage List by a consensus decision.

The Government of Japan respects the ICOMOS recommendation that was made from technical and expert perspectives. Especially, in developing the "interpretive strategy," Japan will sincerely respond to the recommendation that the strategy allows "an understanding of the full history of each site."

More specifically, Japan is prepared to take measures that allow an understanding that **there were a large number of Koreans and others who were brought against their will and forced to work under harsh conditions in the 1940s at some of the sites, and that, during World War II, the Government of Japan also implemented its policy of requisition.(2015년 제39차 세계유산위원회에서의 일본정부 발표 내용)**

Japan is prepared to incorporate appropriate measures into the interpretive strategy to remember the victims such as the establishment of information center.

The Government of Japan expresses its deep appreciation to Chairperson Böhmer, all Members of the World Heritage Committee and everyone involved in the process for their understanding of the "Outstanding Universal Value" of the property, and for their kind cooperation towards its inscription.

에필로그

　2019년 여름, 충남 논산에서 만난 세 분은 모두 어려서 부친을 잃고 신산한 삶을 살았다. 세 분 모두 사도광산의 광부였던 부친이 진폐 후유증으로 세상을 떠났기 때문이다.

　홍**의 부친 홍동철은 45세에 사망했다. 광복을 맞아 고향으로 돌아온 후 얼마 되지 않아 병석에 누워지내다가 피를 토하고 숨을 거두었다. 부친은 병석에서 늘 말씀하셨다. "탄가루는 먹으면 밖으로 나오지 않지만 돌가루는 몸으로 파고 들어가서 못 낫는다."

　김**의 부친인 김종원은 79세에 사망했으나 대부분의 삶은 병석에서 지냈다. 1943년에 고향으로 돌아왔으나 부친은 '밥벌이를 하지 못하고 진폐증에 시달려야" 했다. 가장이 병석에 누웠으니 집안 살림은 말이 아니었다. 1941년생인 김**가 장성해 돈을 벌기 시작할 때까지 빈곤한 삶을 살았다.

　사도광산, 미쓰비시, 그리고 침략전쟁을 일으킨 일본 국가권력의 탐욕이 가져온 비극이었다.

　미쓰비시는 2015년에 3개 시설지 나가사키 조선소, 다카시마 탄광, 하시마 탄광를 세계유산에 등재했다. 이제 사도광산을 등재하면 4개가 된다. 그렇다면 4개로 멈출 것인가. 그렇지 않을 것이다. 현재 일본지역만을 보더라도 미쓰비시의 작업장은 다양하게 남아 있다.

　세계유산 등재를 통해 미쓰비시는 글로벌 기업임과 동시에 문화의 중심이라는 자부심을 갖게 되었다. 세계유산 시설지에서 전쟁으로 살찐 탐욕스러운 기업 이미지를 찾기는 어렵다. 그와 반대로 일본의 근대화를 견인한 긍정적인 기업으로 보일 수 있다.

과거 미쓰비시가 운영했던 현장이 세계유산이 된다는 것을 반대할 사람은 없다. 미쓰비시의 현장이던 다른 기업의 현장이던 역사유적은 소중하기 때문이다.

그러나 현재 세계 시민들은 2015년에 세계유산이 된 세 곳의 시설지에서 다양하고 완전한 역사Full History와 만나지 못하고 있다. 여전히 하시마행 페리의 홍보 영상에서, 하시마의 안내자는 일본의 근대화를 성공적으로 이끈 원동력이자 세계에 자랑스러운 현장에 대한 설명을 반복할 뿐이다.

세계 시민에게 필요한 것은 역사 왜곡과 편향된 정보가 아니다.

"전쟁유적들이 언젠가 우리 모두가 화해가해와 피해, 사죄와 보상하는 계기가 될 것이라고 믿기 때문이다. 이를 위해서는 과거 일본이 침략전쟁과 식민지배로 아시아인들에게 치유하기 힘든 고통을 주었다는 것부터 알릴 필요가 있다. 전쟁을 말하는 장소로써 전쟁유적을 끝까지 지켜나가고 싶다."

기쿠치 미노루菊池 實. 일본 전쟁유적보존 전국네트워크 운영위원이 경향신문2021년 10월 31일과의 인터뷰에서 한 말이다. 평생 일본이 아시아태평양전쟁을 통해 남긴 수많은 전쟁유적을 지키고 활용하는 일을 하는 기쿠치에게 기자가 했던 질문 "왜 일본에 부정적인 전쟁유적을 보존하려고 그토록 노력하는가"에 대한 답변이었다.

세계유산이 된 미쓰비시의 시설지 세 곳은 세계유산이기에 앞서 아시아태평양전쟁유적 가운데 하나이다. 사도광산도 아시아태평양전쟁유적 가운데 하나이다. 사도광산의 현장을 남기고 싶다면, 화려한 역사만이 아니라 사도광산 400년 가까운 역사의 이면도 명확히 알려야 한다.

우리는 역사 유적에서 벌어지는 역사의 은폐와 왜곡을 더 이상 방관해서는 안된다. 일본 시민사회를 위해. 그리고 세계시민들을 위해.

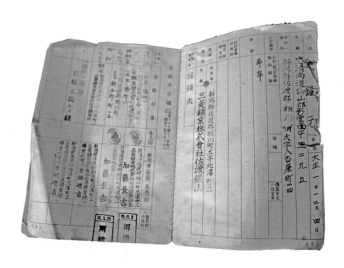

김**이 고이 간직한 부친 김종원의 강제동원 피해의 증거

부록 1 : 강제동원 현존기업의 세계유산 등재 현황

2015년 등재 규슈·야마구치 근대화산업유산군 중

	당시 작업장	유적지명	소재지	강제동원 현존기업	강제동원 관련
1	미쓰비시 중공업(주) 나가사키 조선소	나가사키長崎조선소 제3선거第3船渠 나가사키조선소 대형크레인 나가사키조선소 옛 목형장木型場	나가사키현 長崎県 나가사키시 長崎市	미쓰비시중공업(주)三菱重工業(株)/Mitsubishi Heavy Industries, Ltd.	조선인, 연합군 포로 동원지
2	미쓰비시광업(주) 다카시마 탄광	다카시마高島 탄광 하시마端島 탄광		미쓰비시머티리얼(주)三菱マテリアル(株)/Mitsubishi Materials Corporation	조선인, 중국인 포로 동원지
3	미이케三池 탄광 미이케항三池港	미이케三池 탄광 미이케항三池港	후쿠오카현 福岡県 오무타시 大牟田市/ 구마모토현 熊本県 아라오시 荒尾市	미쓰이금속광업(주)三井金属鑛業(株)/MITSUI MIning & SMELTING CO.,LTD	조선인, 연합군·중국인 포로 동원지
4	관영官營 야하타八幡 제철소	관영官營 야하타제철소	후쿠오카현 福岡県 기타규슈시 北九州市	일본제철(주)日本製鐵(株)/ NIPPON STEEL CORPORATION	조선인, 연합군·중국인 포로 동원지

부록 2 : 강제동원 현존기업(세계유산)의 조선인 강제동원 피해 현황

작업장	구분	주요 내용
미쓰비시 중공업(주) 나가사키 조선소	개요	• 1857년, 일본 최초의 함선수리공장 '나가사키용철소長崎鎔鐵所'로 설립. 1884년부터 미쓰비시가 경영하면서 '나가사키조선소'로 개칭. 1887년 미쓰비시가 차용 시설 일체를 매수하여 민영조선소로서 다수의 함선을 건조 • 1934년 미쓰비시중공업(주) 설립과 함께 '미쓰비시중공업주식회사 나가사키 조선소'로 개칭
	조선인 강제동원 피해상황	• 약 4,700명의 조선인 노무자 동원 추정일본 시민단체 '나가사키재일조선인의 인권을 지키는 회' • 원폭 폭심지와 3.2km 거리에 위치해 1945. 8. 9. 피폭 피해를 입었으며, 원폭 투하 후에는 시내 복구 작업에 투입되어 '입시入市피폭' 피해를 입음
	위원회 피해조사결과 현황	• 149건[동원 중 사망 1건, 행방불명 1건 포함] - 공장 또는 기업 이름을 기억하거나 자료가 있는 경우에만 작업장명을 명확하게 처리했으므로 실제 피해자 수에는 훨씬 미치지 못하는 수치
	관련 명부	• 일본 법무성 소장한국 정부 인수 공탁금 자료 - 3,406건의 공탁금 859,770.78엔이 확인됨.1948. 6. 2. 공탁 • 미불금 현황표일본공문서관 쓰쿠바분관 소장
	참고 자료	- 위원회, 『히로시마·나가사키 조선인 원폭피해에 대한 진상조사보고서』 2010수행자 : 허광무 - 위원회, 『구술자료집 - 내 몸에 새겨진 8월』 2008 - 허광무, 「전시기 조선인 노무자 강제동원과 원폭피해 - 히로시마·나가사키의 지역적 특징을 중심으로-」 『한일민족문제연구』 제20호, 2011. 6
미쓰비시 광업(주) 다카시마 탄광	개요	• 다카시마 섬 바다 밑 지하에 갱도를 개발한 해저탄광이며 메이지시대부터 미쓰비시가 경영하시마 탄광과 동일 • 1700년대 초반부터 석탄 채굴 시작, 1874년 관영으로 바뀌었다가 1881년에 미쓰비시가 소유 • 1986년 11월 폐광
	조선인 강제동원 피해상황	• 1941년 47만톤의 석탄 생산 • 다카시마 탄광과 인근 하시마 탄광으로 강제동원된 조선인 총수는 4천 명으로 추정 - 미쓰비시는 다카시마 탄광과 하시마 탄광을 묶어 '다카시마 광업소'로 관리 • 석탄 증산 요구에 따라 하루 12시간 채탄 노동에 시달렸으며, 열악한 생활환경과 영양 상태로 인한 질병에 따른 피해, 사고에 의한 부상·사망 피해 다수 발생하시마와 동일 • 1944.8월 사할린 조선인 노무자 전환배치430여 명을 하시마 탄광과 다카시마 탄광에 나누어 배치
	위원회 피해 조사결과 현황	• 95건[동원 중 사망자 15명, 신고 당시 생존자 30명 포함] - 공장 또는 기업 이름을 기억하거나 자료가 있는 경우에만 작업장명을 명확하게 처리했으므로 실제 피해자 수에는 훨씬 미치지 못하는 수치
	관련 명부	• 「조선인노동자에 관한 조사결과『에 다카시마광업소다카시마섬, 하시마 섬에 동원된 조선인 노무자의 미불금 기록

작업장	구분	주요 내용
미쓰비시 광업(주) 다카시마 탄광	참고 자료	- 미쓰비시광업시멘트주식회사 편찬실 편, 『미쓰비시광업사사三菱鑛業社史』 1976 - 미쓰비시광업시멘트주식회사 다카시마탄광사편찬위원회, 『다카시마탄광사高島炭鑛史』 1989 - 위원회 진상조사 보고서 「사할린 이중징용피해 진상조사」 2007수행자 : 정혜경 - 위원회 진상조사 보고서 「사망기록을 통해 본 하시마 탄광 강제동원 조선인 사망자 피해실태 기초조사」 2012수행자 : 윤지현 - 나가사키재일조선인의 인권을 지키는 회, 『원폭과 조선인』 제2집, 1983 - 다케우치 야스토竹内康人, 「三菱高島炭鉱への朝鮮人強制連行」 『在日朝鮮人史硏究』 제33호, 2003
미쓰비시 광업(주) 하시마 탄광	개요	• 바다 밑 지하에 갱도를 개발한 해저탄광 • 나가사키항 남서해상에서 약 17.5km 거리에 위치한 하시마섬 전체를 탄광시설로 개발 • 섬의 크기는 남북으로 약 480m, 동서로 약 160m, 면적은 약 6.3ha • 1870년경부터 노출탄을 대상으로 채굴을 개시되었으며 1890년 미쓰비시가 매수 • 탄광이 번성하던 때는 작은 섬에 5,300명의 주민이 거주하여 수도 도쿄 이상의 인구과밀지역이었으나 1974년 폐광 후 무인도가 되어 폐허 상태
	조선인 강제동원 피해상황	• 1943년~1945년 사이 500~800명의 조선인 노무자가 존재하였다고 추정됨. 일본 패전1945. 8월 직전에도 약 500~600명의 조선인 노무자가 존재하였음. • 1944.8월 사할린 조선인 노무자 전환배치430여명의 인원을 하시마 탄광과 다카시마 탄광에 나누어 배치 • 석탄 증산 요구에 따라 하루 12시간 채탄 노동에 시달렸으며, 열악한 생활환경과 영양 상태로 인한 질병에 따른 피해, 사고에 의한 부상·사망 피해 다수 발생 • 하시마 탄광의 조선인 노무자들은 나가사키시에 원폭이 투하된 후, 시내 복구 작업에 투입되기도 함
	위원회 피해조사 결과 현황	• 112건[동원 중 사망자 28건, 행방불명 1건, 신고 당시 생존자 46명 포함] - 공장 또는 기업 이름을 기억하거나 자료가 있는 경우에만 작업장명을 명확하게 처리했으므로 실제 피해자 수에는 훨씬 미치지 못하는 수치
	관련 명부	「조선인노동자에 관한 조사결과」에 하시마 탄광에 동원된 일부 조선인 노무자의 미불금 기록
	참고 자료	- 위원회 진상조사 보고서 「사할린 이중징용피해 진상조사」 2007수행자 : 정혜경 - 위원회 진상조사 보고서 「사망기록을 통해 본 하시마 탄광 강제동원 조선인 사망자 피해실태 기초조사」 2012수행자 : 윤지현
미쓰이광업 산(주) 미이케三池 탄광	개요	• 1469년 석탄 발견, 1721년 석탄 채굴 시작. 1889년부터 미쓰이 재벌이 경영. • 미쓰이 재벌이 경영을 시작하며 수송 시설을 근대화하고 경영규모를 점차 확대하며 일본 최대의 탄광으로 성장 • 1997년 3월 폐광

작업장	구분	주요 내용
미쓰이광산(주) 미이케三池 탄광	조선인 강제동원 피해상황	• 1944년초까지 미이케 탄광으로 강제동원된 조선인은 약 4,700명 정도, 1944년 8월말 단계에는 조선인 3,800여 명이 존재하였으며 1945년 6월에는 미이케 탄광의 전체 노동자 2만5천 명 중 조선인 노동자와 중국인 포로가 34%를 점한다는 기록 • 1944.8월 사할린 조선인 노무자 67명 전환배치
	위원회 피해조사결과 현황	• 451건[동원 중 사망자 32명, 신고 당시 생존자 100여 명 포함] - 공장 또는 기업 이름을 기억하거나 자료가 있는 경우에만 작업장명을 명확하게 처리했으므로 실제 피해자 수에는 훨씬 미치지 못하는 수치
	관련 명부	• 「조선인노동자에 관한 조사결과」에 조선인 노무자1,757명 명단
	참고 자료	- 하야시 에이다이林えいだい 편, 『戰時外國人强制連行關係資料集 Ⅳ 下』明石書店, 1991 - 미쓰이광산(주) 편, 『자료미이케쟁의資料三池爭議』1963 - 위원회, 『사할린 이중징용피해 진상조사』2007수행자 : 정혜경 - 竹内康人, 「三井財閥による朝鮮人强制労働」http://www16.ocn.ne.jp/~pacohama/kyosei/mituimike.html
신일본제철(주) 야하타八幡 제철소	개요	• 1901년 관영官營제철소로 조업 개시, 일본에서 두 번째로 설립한 제철소 • 1934년 일본제철(주)가 발족하면서 일본체절(주) 야하타八幡제철소로 개칭 • 아시아·태평양전쟁 기간에는 일본 철강생산량의 절반 이상을 생산, 연합군이 폭격 목표로 설정하여 반복적인 공습 대상이 됨. • 1950년 일본제철(주)가 해체되면서 야하타제철八幡製鐵의 야하타 제철소로 변경 • 1970년 신일제철(주)을 발족하면서 신일본제철(주) 야하타 제철소로 개칭 • 2012년 신일본제철(주)과 스미토모住友금속공업이 합병해 신일철住金 야하타 제철소로 개칭 • 2019년 일본제철(주) 소속
	조선인 강제동원 피해상황	• 일본 정책문서에 의하면 철강업에 대한 조선인 강제동원은 1942년 3월부터 개시되었다고 하나, 1942년 이전부터 '모집' 형식으로 동원을 실시 • 「소위 조선인 징용자에 관한 명부」에 조선인 노무자 약 3,400명 기록
	위원회 피해조사결과 현황	• 709건[동원 중 사망자 18건, 행방불명 4건, 신고 당시 생존자 145명] - 공장 또는 기업 이름을 기억하거나 자료가 있는 경우에만 작업장명을 명확하게 처리했으므로 실제 피해자 수에는 훨씬 미치지 못하는 수치
	관련 명부	• 일본 법무성 소장한국 정부 인수 공탁금 자료 - 3,388건의 공탁금 269,529.93엔1947. 1. 11. 공탁 - 452건의 공탁금 25,934.46엔1947. 2. 6. 공탁 • 「소위 조선인 징용자에 관한 명부」에 미불금 기록 • 미불금현황표/재일조선인자산철일본공문서관 츠쿠바분관 소장
	참고 자료	- 일본제철주식회사사편찬위원회, 『일본제철주식회사사日本製鐵株式會社史1934~1950』 1959 - 고쇼 타다시(古庄正), 「日本製鐵株式會社の朝鮮人强制連行と戰後處理」『고마자와(駒澤)대학 경제학논집』25-1, 1993 - 정혜경, 「일본제철(주)에 끌려간 조선인 노무자」『조선인 강제연행 강제노동 Ⅰ:일본편』선인, 2006

78 _ **탐욕의 땅, 미쓰비시 사도佐渡광산과 조선인 강제동원**

부록 3 : 강제동원 현존기업 미쓰비시

미쓰비시, 미쓰이, 스미토모는 근대 일본 3대 재벌이라 한다. 미쓰비시는 1835년 시코쿠四國 도사土佐번[현재 일본 고치高知현]에서 출생한 하급 무사 이와사키 야타로岩崎彌太郎가 1873년 미쓰비시三菱상사를 설립하면서 탄생했다.

에도江戶 막부 말기 관변상인政商으로 출발한 이와사키는 1870년 쓰쿠모九十九 상회의 감독으로 중앙 상업계에 뛰어들었다. 쓰쿠모 상회는 도사번 차원에서 오사카에 설립한 상점이다. 1871년부터 탄광업을 시작했다.

그 해 10월 9일 이와사키 야타로는 도사카이세이상사土佐開成를 창설하고 해운 사업에 진출한 후 10월 18일 도사카이세이상사를 쓰쿠모 상회로 변경했다. 그 후 1871년 폐번치현을 통해 일본의 모든 번이 폐지되자 주인을 잃은 쓰쿠모 상회를 개인 소유로 바꾼 후 도사번 소유였던 선박 세 척을 사들여 1873년에 미쓰비시상사를 설립하고 해운과 무역 중심으로 경영했다.

이같이 한미한 지방 출신의 이와사키 야타로가 일본 최대의 상업 중심지역인 오사카에 미쓰비시상사를 설립할 수 있게 된 것은 정당한 기업 경영 능력만은 아니었다. 막부 시절 도사번이 소유하고 있던 쓰쿠모 상회를 막부체제가 사라지고 주인을 잃은 혼란한 틈을 타 차지했기 때문이다.

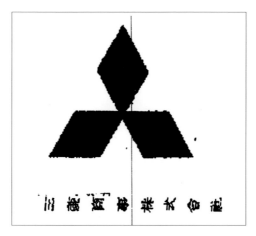

이와사키 집안의 가문家紋인 「가이비시三階菱」와 토좌번 도사야마우치土佐山內집안의 가문 「미쓰카시와三ッ柏」에서 유래. 99상회가 선기호船旗号로 채용한 삼각 히시(菱, 자쁘니카 꽃잎)의 마크가 현재 쓰리다이야三菱마크의 원형.

설립 직후부터 미쓰비시는 일본 국내 세이난西南 전쟁은 물론, 일본의 대외 영토 확장과 침략전쟁에 힘입어 성장해나갔다. 1874년 일본이 타이완臺灣을 침략할 당시 무기와 병사들을 수송했고, 1875년 조선 강화도 침공 당시에도 병사를 수송했다. 특히 세이난 전쟁 때에는 정부 측 군대와 군수품 수송을 독점했고, 전쟁 후 남은 군수품 처분까지 독점해 막대한 이익을 얻었다. 일본 정부가 세이난 전쟁 당시 지불한 전비 4,150만엔 중 1,500만엔을 미쓰비시가 차지했다고 할 정도였다.

※ 세이난 전쟁 : 1877년 현재의 구마모토熊本현·미야자키宮崎현·오이타大分현·가고시마鹿亞島현에서 사이고 다카모리西鄕隆盛, 1828~1877 등 메이지유신의 주역이 주도해 일으킨 무사들의 무력 반란. 메이지 초기에 일어난 무사 반란 중 최대 규모였으며, 일본 역사상 마지막 내전

미쓰비시상사는 1874년에 본사를 오사카에서 도쿄로 옮기면서 회사 이

름을 우편기선 미쓰비시회사로 바꾸고 해운업을 주력사업으로 설정했다. 그 후 설립자가 사망하자 회사 이름을 미쓰비시사로 바꾼 후 1881년 나가사키의 다카시마 탄광과 1884년에 임대한 나가사키조선소를 중심으로 사업을 확장해나갔다. 1885년 제119 국립은행을 인수해 은행 업무에 뛰어들었고, 1887년에는 도쿄창고후에 미쓰비시 창고로 변경를 설립했으며, 같은 해에 정부 소유 나가사키조선소를 불하받은 후 조선업을 확충하고 다카시마와 나마즈타絵田 등 규슈九州지역의 탄광을 경영하기 시작했다. 1890년대에는 사도와 후쿠오카현의 이쿠노生野 광산 경영권을 정부로부터 양도받았다.

1893년, 일본 상법 시행에 따라 미쓰비시사를 미쓰비시합자회사로 개편한 후, 이 회사를 지주회사로 삼아 조선업, 광업, 철도, 무역 등 여러 분야로 확장해나갔다. 1900년대에 들어서는 사업을 더욱 확장해 1911년에는 조선의 황해도 황주군 겸이포에서 겸이포 철산을 운영하기 시작했고, 1910년대에는 비바이美唄와 오유바리大夕張 등 홋카이도지역의 대표적 탄산에서 탄광 경영에 나섰다.

이러한 사업 확장에 힘입어 미쓰비시조선, 미쓰비시제지, 미쓰비시상사, 미쓰비시광업, 미쓰비시은행, 미쓰비시전기 등을 차례로 설립하면서 1930년에 산하 회사 120개사, 자본금 9억 엔의 재벌로 성장하고 일본 3대 재벌이 되었다. 또한 일본을 비롯한 각 지역에 계열사나 자본을 투자해 설립한 합자회사도 여럿이었다. 그 후 여러 차례의 통폐합을 거쳤다.

1945년 11월 조사 결과에 따르면, 미쓰비시 재벌 산하 회사는 총 75개사이고, 일본 전국 기업과 비교한 총자본비율은 5.7%에 달했다.

미쓰비시의 간단한 연혁

1870년 : 이와사키 야타로岩崎彌太郎, 도사번 소유의 99상회오사카 소재 감독으로 임명

10월 9일 이와사키 야타로岩崎彌太郎, 도사카이세이土佐開成상사를 창설하고 해운 사업에 진출

10월 18일 도사카이세이상사, 쓰쿠모九十九상회로 사명 변경. * 개인 소유로 전환

1871년 : 쓰쿠모상회, 신구한新宮藩에게서 조차권을 얻어 만자이萬歲·音河 두 탄광을 채굴 작업(미쓰비시, 탄광 경영의 시작)

1872년   쓰쿠모상회, 밋카와(三ッ川)상회로 사명 변경

1873년   밋카와상회, 미쓰비시상회로 사명 변경

1873년 : 미쓰비시 상사 설립

1874년 : 미쓰비시상사, 근거지를 도쿄로 이전. 미쓰비시상사, 미쓰비시증기선회사로 사명 변경

1875년 : '미쓰비시기선회사 규칙' 제정. 미쓰비시기선회사, 우편기선미쓰비시회사로 사명 변경

1881년 : 나가사키의 다카시마(高島)탄광 획득

1884년 : 정부 소유 나가사키조선소 임대

1885년 : 설립자 사망, 제2대 사장으로 이와사키 야타로의 동생인 이와사키 야노스케(岩崎彌之助) 취임, 회사 이름을 미쓰비시사(三菱社)로 변경, 제119 국립은행을 인수

1885년 : 우편기선미쓰비시회사, 해운 사업을 폐쇄(사업은 신설된 일본우선회사로 이동)

1886년 : 우편기선미쓰비시회사, 미쓰비시사로 사명 변경

1887년 : 도쿄창고(후에 미쓰비시 창고로 변경) 설립, 정부 소유 나가사키조선소를 불하받음

1893년 : 상법 시행에 따라 미쓰비시사를 미쓰비시합자회사로 개편, 3대 사장 취임

1916년 : 4대 사장 취임

1917년 : 미쓰비시조선(주)(현재 미쓰비시중공업의 전신), 미쓰비시 제지(주), 일본 광학(光學)공업(주), 미쓰비시제철(주) 설립

1918년 : 미쓰비시상사(주), 미쓰비시광업, 에도가와(江戸川)발륨공업소 설립

1919년 : (주)미쓰비시은행 설립

1920년 : 미쓰비시내연기계제조(주) 설립

1921년 : 미쓰비시전기(주) 설립

1927년 : 미쓰비시신탁(주) 설립

1928년 : 미쓰비시항공기(주) 설립

1931년 : 미쓰비시석유(주) 설립

1933년 : 신흥인견(新興人絹)(주) 설립

1934년 : 미쓰비시중공업(주), 일본타르공업(주) 설립. 미쓰비시조선(주), 미쓰비시중공업(주)으로 사명 변경

1935년 : 화공기(化工機)제작(주) 설립. 미쓰비시제철(주) 해산. 일본알루미늄(주) 설립

1937년 : 미쓰비시 지소(地所) 설립, 4대 사장인 고야타(小彌太)가 미쓰비시합자회사를 (주)미쓰비시사(三菱社)로 개편

1940년 : 주식 공개, 본사 발행주의 절반 정도를 일반 투자가에게 배당

1942년 : 미쓰비시제강(製鋼)(주) 설립

1943년 : (주)미쓰비시사를 미쓰비시 본사로 상호 변경

1946년 : 12월 28일 지주회사정리위원회령에 의해 미쓰비시상사는 지주회사로 지정되어 정리대상이 됨

1947년 : 7월 3일, 연합국총사령부(GHQ)는 일본 정부에 각서를 내리고 지주회사에 대한 해체를 지시

1954년 : 미쓰비시상사, 재합동. 미쓰비시의 부활

부록 4 : 미쓰비시와 조선인 강제동원

미쓰비시 소속 기업은 일찍부터 조선인을 고용했다. 이미 1917년 미쓰비시 조선소효고현 소재, 1918년 후쿠오카현 소재 미쓰비시 소속 탄광에 조선인 취업 기록이 있으며, 1910년대 말 홋카이도의 비바이 탄광과 나가사키의 다카시마 탄광, 후쿠오카의 가미야마다上山田탄광에도 조선인 기록이 있다.

미쓰비시는 정부로부터 불하받은 나가사키조선소에서 1890년대 군함 건조를 시작으로 잠수함이나 어뢰 등 무기를 생산했다. 1928년에는 미쓰비시항공기를 설립하고 일본 군용기의 주요 생산 기업으로 자리 잡았다. 1934년에는 조선과 항공기 부문을 합한 미쓰비시중공업을 설립했다. 이같이 일본 각지에 군수공장을 두고, 나가사키에서 군함, 나고야에서 군용기, 도쿄에서 전차를 제조했다.

1930년대에는 일본은 물론, 조선과 중국, 타이완, 남사할린 등지에 사업체를 확장해나갔다. 한반도는 1911년 겸이포 철산을 시작으로 1930년대에 한반도 전역의 광산 개발에 나섰다. 1910년에 개광한 겸이포 철산은 1911년 미쓰비시합자가 양도받아 경영하다가 1918년에 미쓰비시제철(주)에 양도한 후 1935년에 미쓰비시광업(주) 소속으로 바뀌었다. 1910년대에 미쓰비시가 한반도에서 운영한 사업체는 겸이포 철산 외에도 1913년에 미쓰비시합자가 인수한 미쓰비시 은룡 철산황해도 재령군과 남양 철산황해도 재령군, 월전리 금광전북 무주군, 충북 영동군이 대표적이다.

남사할린에는 1920년대에 남사할린탄광철도(주) 등을 설립하고 석탄 채굴에 들어갔고, 중국 동북 지역과 타이완에도 각각 미쓰비시 기기機器공장과 조선船渠 공장을 설립했다.

인천 부평에 있었던 미쓰비시제강㈜ 인천제작소(1948)

높은 공장 건물 모습이 미쓰비시제강㈜ 인천제작소(1996)

나가노현 마쓰모토 외곽의 미쓰비시 비행기 지하공장 터

나가사키시 미쓰비시 병기제작소 스미요시(住吉) 지하공장 터. 원자폭탄 폭심지로부터 2.3km에 위치하여 동원된 조선인들이 원폭에 피폭당했다

나가사키 미쓰비시광업 하시마 탄광에서 세상으로 나가는 창구

부록 5 : 미쓰비시 강제동원, 아픈 경험, 지독한 이별

강제동원된 조선인들에게 미쓰비시는 쓰라린 경험과 이산의 아픔을 남긴 기업 가운데 하나였다. 가장 대표적인 작업장은 '지옥섬'이라 불리는 나가사키의 섬 하시마端島이다. '지옥섬'은 일본인 탄부들이 붙인 이름이었다. 일본 사회에서도 악명 높은 곳이었기 때문이다.

하시마 탄광은 한 사람이 간신히 들어갈 정도의 작은 갱구를 기어서 들어가 하루 12시간 이상 누운 채 탄을 캐는 고통스러운 해저 탄광이었다. 600~1000m까지 바다 속으로 내려가야 할 정도의 깊은 막장에는 늘 물이 질퍽거렸다.

> **구술자** : 삼천 팔백 자를 내려가요. 맛스구眞っ直ぐ:똑바로 삼천 팔배 자를 들어가. 그러면 여 방 보담 몇 개나 되는 계기기계가 있어요. 하나는 숯석탄을 올리고. 하나는 사람을 백 명이고 이백 명이고 딱 실으면, 타믄 굴 속으로 들어가요. 삼천 팔백 자를 들어가서 차가 숯을 막 끄집어 올려요. (중략) 아, 삼천 팔백 자를 들어갔으니 갱물이 사방에서 안 떨어지요? 떨어져 막. 사방에서 떨어져. 그런 물을 받아내면 요거, 이도 안가요. 우리 큰물 요거.
>
> **면담자** : 아, 갱 외로 인제 물을 퍼 나르는 거네요?
>
> **구술자** : 요렇게 빼내지. 사~방에서. 사방에서. 그런 데를 가 고생을 하는디.
>
> **– 대일항쟁기 강제동원 피해조사 및 국외강제동원희생자 등 지원위원회,**
> **박○구의 구술자료(2006년 3월 3일, 면담자 : 허광무)**

고통은 막장에서 끝나지 않았다. 해저 막장에서 하루 종일 바닷물에 찌든 몸은 영양실조와 빈번한 가스폭발사고, 폭력으로 지탱하기 조차 힘들었다. 하시마탄광에서 폭력은 일상이었다.

"일본인 감독들은 식민지 조선인들을 진짜 돼지처럼 취급했다. 식사는 나날이 형편없어지는 데다 혹독한 구타가 예사였다. 하루는 아이들과 함께 학교에 가고 있는데 합숙소에서 사람 비명소리가 들려왔다. 호기심으로 창문에 매달려 들여다 보니 웃통이 발가벗겨진 조선인 셋이 무릎을 꿇고 앉아 있는 가운데 일본인 감독이 가죽 혁대로 등짝을 사정없이 후려치고 있었다. 조선인들은 울부짖기만 할 뿐 저항할 엄두도 못하는 채 등판이 부풀어 오르고 피가 줄줄 흐르도록 고스란히 모진 매를 감수하고 있었다. 끔찍하고 무서운 광경이었다. 나중에 사택에 놀러온 광부들을 통해, 그들이 몸이 아파 일을 나가지 못했다는 이유로 매를 맞았다는 사실을 알게 되었다."

아버지를 따라 하시마섬에 살던 국민학교 2학년 소년 구연철이 술회하는 하시마 탄광의 조선인 모습이다.

하시마섬이 준 고통은 벗어날 수 없었다. 힘겨운 노동과 폭력을 피해 바다로 뛰어들어 탈출을 기도한 조선인은 거친 풍랑에 익사하거나 간신히 바다를 건넌다 해도 다카시마땅을 밟는 순간 무서운 폭력에 목숨을 잃는 곳이었다.

하시마 탄광에는 어린 소년 탄부도 있었다. 1929년 11월 전북 익산에서 태어나 1943년 하시마에 끌려간 최장섭이 주인공이다. 소년은 어려서 한문 사숙에서 천자문과 사자소학을 배우고 여덟 살 때 낭산공립소학교에 입학해 마친 후 농사일을 돕고 있었다. 3남 5녀의 식구들은 가난했지만 불행하다고 생각하지 않았다. 불행이 닥친 것은 큰형이 당국의 동원에 응하지 않고 몸을 숨겨 반역자 집안이 되면서 부터다.

노무계 윤가는 형을 대신해 장섭의 부친을 함북 경성의 아오지탄광으로 동원했다. 부친은 동원된 지 몇 개월 지나지 않아 좌측 손가락 4개를 절단 당했으나 해방될 때 까지 돌아올 수 없었다. 편지를 통해 소식을 들은 가족들은 깊은 슬픔에 빠졌다. 그러나 슬픔은 그것으로 끝나지 않았다. 부친을 저 지경으로 만든 윤가의 다음 목표는 열세 살 소년인 장섭이었다.

1943년 1월 28일 삼동의 추위가 뼈를 에이는 겨울, 윤가는 소년을 데리고 익산군청으로 갔다. 장섭을 본 군수가 "왜 많은 사람 가운데 어린애를 보내려느냐"고 묻자, 윤가는 "형이 동원에 응하지 않았으므로 대신 일본에 충성을 다하고자 보내는 것"이라 했다. 기차를 타고 이리역에서 대전역으로 향할 때 기차가 잠시 고향인 함열역에 멈췄다. 기다리고 있던 어머니와 여동생은 기차가 떠날 때 까지 손을 흔들고 기차에 절을 하며 무사 귀환을 빌었다. 참으로 눈물겨운 모습이었다.

부산역에서 하라다라는 일본 직원이 장섭 일행을 인수하면서 '좋은 일터로 갈 것이니 안심하라'고 했다. 선박 침몰에 대비해 잠수복을 입고 연락선에 올라 하카다역에 도착한 후 기차를 타고 나가사키항으로 가서 1시간 동안 배를 타고 28km를 달려 하시마에 도착했다. 파도가 방파제 주변 옹벽에 부딪치는 섬을 보고 '저기야말로 창살 없는 감옥'이라는 생각이 들었다. 숙소는 지상 9층짜리 아파트 지하실이었는데, 햇볕도 들지 않고 물기가 항상 차있는 곳이었다.

도착한 다음 날, 소년은 검정색 반팔 상의와 반바지를 입고 지하실 연병장에서 주의 사항을 들은 후 탄광내 여러 곳을 견학했다. 해저 천 미터 이상 내려가는 갱은 승강기를 이용해 2분이면 도착했다. 반장은 전기 모터를 가리키며 갱 안의 개스가 외부로 나가는 유일한 창구이므로 전기 공급이 가장 중요하다고 했다. 전기 탄차가 오가는 갱 입구에는 포로로 잡혀온 이들이 탄차를 끌고 있었다. 갱 안의 모습은 상상할 수 없었다. 견학을 마치고 올라와 점심으로 콩깻묵밥 한 덩이를 먹고 2년 5개월간 소년 탄부 생활이 시작되었다. 사시사철 땀범벅이 되어 더위에 시달리며 탄을 캐고 고향을 그리워하는 생활이었다.

전쟁 말기에 탄광 측의 포악함은 극심했으나 그렇다고 기울어가는 전세는 막지 못했다. 바다 주변은 온통 미국 잠수함 천지여서 탄을 실어내기도 힘들었다. 탄광을 지키겠다고 옹벽에 100㎏이상 되는 쇠뭉치를 수십 개 매달아놓고 방어 태세를 하며 일본 해군함에 탄을 실어 보내려 했으나 적재가 끝날 무렵 미국 잠수함은 기다렸다는 듯 기뢰를 쐈다.

1945년 원자폭탄이 투하된 후에도 하시마 조선인 탄부들에게 해방은 오지 않았다. 8월 28일, 나가사키시내에 가서 청소작업을 했다. 부두에 도착하니 미군 병원선을 비롯한 군함이 방송을 하고 있었다. 미군이 시내에 전투식량과 초코렛, 과자를 뿌리고 다녔다. 청소하다가 일본 식량고쪽에서 콩자루 터진 가루를 발견했다. 2년간 굶주린 일행은 '원자탄의 독기를 먹으면 죽는다는 소리'를 들으면서도 콩을 튀겨먹었다.

소년에게 2년간 고통을 안겨준 곳은 바로 미쓰비시광업(주)이었다. 미쓰비시는 1890년 9월 11일 하시마섬을 사들여 탄광개발에 착수한 후 1974년 1월 폐광할 때까지 운영하다가 2001년 다카시마高島정에 무상 양도했다. 2005년에는 나가사키시 소유가 되었다.

미쓰비시는 일본 패전 후 조선인을 멀고 먼 사할린 땅에 놔둔 채 돌아가버린 무책임한 기업이기도 했다. 사할린에 동원된 3만 명이 넘는 조선인들은 1945년 조국이 해방되었지만 돌아오지 못하고 억류되었다. 이들 가운데에는 미쓰비시가 만든 탄광회사에 동원된 조선인도 포함되어 있었다. 갑자기 동토의 땅에 남겨진 한인들은 고향에 돌아가기 위해 무진 애를 썼고,

절망과 향수병으로 1970년대에 많은 이들이 세상을 버린 후에도 기다림은 계속되었다. 그러나 이들 앞에 놓인 것은 건널 수 없는 바다뿐이었다. 지리한 기다림에 대한 반응은 1990년대초에 나타나기 시작해 1992년부터 고국행 문이 열렸다. 그나마 극히 일부에게만 허용된 문은 지금도 다 열리지 않는 반쪽짜리 문이다.

미쓰비시의 무책임은 사할린에 그치지 않았다. '반도응징사'라는 이름으로 미쓰비시중공업 히로시마 조선소 및 기계제작소에 동원된 조선인 241명과 가족 5명은 해방을 맞아 1945년 9월 17일 오전 10시경 규슈九州 도바타戸畑항을 출발했으나 흔적도 없이 사라졌다. 마쿠라자키枕崎 태풍을 만나 조난당해 승선원 전원이 실종되었기 때문이다. 이들의 사체는 쓰시마對馬島 이키壹岐섬 등 여러 곳으로 표착漂着된 것으로 보인다.

> "그 미쓰보시 회사에 있을 적에 있던 사람들이 다들 각자로 헤어지고서 나머지 있던 사람, 한 이백여 명이 미쓰보시 회사에서 보내줄 돈을 바라고 기대하고 있던 사람도 있었어요. …미쓰보시 회사는 본 체도 안했거든. 본 체도 안하고 그냥 내버려 두니까 … 그러니까 노장수 하고 노상돈 아우고 둘이 서둘러서 … 아이구 그게 무슨 항구라고 하던가. 조그만 항구가 있었는데 거기서 배를 탔대요. 근데 그 배를 타고서 올 시기가 어떤 시기냐 하면은, 내가 배를 타고 나오면서 그 바람에 폭풍에 밀려갈 동안 그 시기에 탔더라고, 그 사람들도 … "
>
> **– 일제강점하 강제동원피해 진상규명위원회,
> 『강제동원진상조사구술자료집 – 내몸에 새겨진 8월』, 2008, 65~66쪽**

이들이 고향에 돌아가지 못한 이유는 무엇이었을까. 미쓰비시와 일본 정부의 무책임한 처사 때문이다. 그 결과 246명의 귀한 생명은 바다로 사라졌다.

그뿐 아니다. 미쓰비시는 국제노동기구에서 금지하는 미성년자에 대한 강제노동을 자행한 기업이기도 했다. 300명의 어린 소녀들을 동원해 비행기 부품을 만들게 했던 기업에는 미쓰비시중공업도 포함되어 있었다. 미쓰비시중공업(주) 나고야名古屋항공기제작소 도토쿠道德공장과 오에大江공장에 동원된 조선인 300명은 '조선여자근로정신대'라는 이름으로 동원된 13~14세 정도의 앳된 소녀였다.

이들을 공장으로 끌어낸 것은 학교와 교사였다. 어린 제자를 보호해야할 교사들이 오히려 '공부시켜준다'는 꼬임으로 어린 소녀들을 강제동원 현장으로 끌어낸 것이다.

> "우리 언니가 남국민학교 선생 했어요. (중략) 담임선생이 오라 그런다고, 어느 학생이 연락을 해서 학교에 갔어요. 갔더니 교장하고 군인하고 장교 둘이 앉아서, '일본 가면은 공장에서 일 잘하면은 월급도 주고 공부도 시켜준다' 하니까. 우리는 밤에 야간으로 공부시켜줄 줄 알았어요. 그리고 여학교 졸업장도 주고 그런다고 해서 좋다고 갔지요. (중략) 교장이 '느그 언니가 이 학교 선생인데 네가 앞서서 가야지, 안 가면 안 된다'. 그래서 언니한테 말도 못하고 따라간 거죠. 언니가 어떤 불이익을 당하면 안 되죠. 그래서 그냥 갈란다고 그랬어요."[박해옥, 1930년생, 순천 남국민학교 졸업, 1944년 5월에 동원]
>
> – 일제강점하강제동원피해진상규명위원회,
> 『강제동원진상조사구술자료집 – 조선여자근로정신대, 그 경험과 기억』, 2008, 142쪽

어린 소녀들은 명문 여학교에서 공부하게 해준다거나 가족을 들먹이는 상황에서 거부할 힘이 없었다. 이렇게 떠난 미쓰비시공장은 허허벌판에 학교라고는 그림자도 찾을 수 없는 곳이었다. 더구나 나고야 미쓰비시중공업에 동원된 소녀들은 1944년 12월 7일 발생한 지진으로 6명이 사망하기도 했다.

어린 소녀들이 낯선 일본 땅, 미쓰비시중공업 나고야항공기제작소에서 만든 비행기 부품 가운데에는 '제로센零戰'도 있었다. 미쓰비시는 아시아태

평양전쟁 말기 일본 주력 전투기이자 자살특공대를 태운 비행기로 알려진 제로센의 제작사였기 때문이다. 결국 제로센은 어린 조선 소녀들의 눈물과 땀으로 만든 폭격기였던 셈이다.

제로센의 제로는 영을 말하고 센은 전투기의 일본어인 센토기의 센으로 제로센으로 불리게 되었다. 제로센은 '미쓰비시 A6M영식零式함상전투기' Mitsubishi A6M Zero라는 정식 명칭에서 미쓰비시가 제조한 전투기임을 알 수 있다. 제로센은 조종석과 연료탱크에 방탄防彈 갑판을 떼어내 무게를 줄여 기동력과 항속거리를 늘렸는데 아시아태평양전쟁 당시 일본 주력 전투기로 사용되다가, 전쟁 후반에는 기체를 상대군 전투함에 자폭하는 자살공격용으로 활용되었다. 제2차대전사에서 제로센은 일본 군국주의의 상징이자 '가미카제神風'라는 무모하고 극단적인 방법으로 일본 청년들을 자살특공대로 몰아넣은 전투기로 평가받는다.

※ 자살특공대 : 아시아태평양전쟁 말기 일본의 자살특공대는 가미카제[神風. 몽골 침략 당시 태풍으로 몽골 함선이 난파한 것을 신의 바람이라 선전]로 잘 알려져 있는데, 일본에서는 '가미카제'보다 '신푸'라는 발음으로 더 많이 불렸다. 가미카제는 구명 장치가 없는 장비를 이용한 자살특별공격대이다. 해군 제1항공함대 사령관인 오니시 다키지로 大西瀧治郎 중장이 자살특별공격대를 창안했다고 알려져 있지만, 실제로는 군사령 작전과에서 결정하여 명칭까지 붙인 후 오니시에게 전달했다. 오니시는 이후 '일본 항공부대의 아버지'로 불린다. 자살 특공 작전은 가미카제에만 있었던 것은 아니다. 신요震洋, 마루레マルレ, 가이텐回天 등 다양한 형태가 있었다. 인간어뢰나 잠수어뢰라고도 했다. 어뢰를 실은 배를 타고 적함에 돌격하거나, 모터보트에 폭탄을 고정해서 돌진하거나, 로켓을 분사하는 식으로 사람을 폭탄과 묶어서 쏘는 등등이다. 그러나 일반적으로 일본의 자살특공대라고 하면 가미카제를 떠올릴 만큼 대표적인 자살특공대이다.

한반도에서는 일본 미쓰비시중공업에 동원된 어린 소녀들보다 더 어린 이들이 방직공장에서 혹사당했다. 위원회 여성노무동원 피해 1,038건 가운데 연령을 산출할 수 없는 11건을 제외한 1,027건의 평균 연령은 16.6세이다. 그러나 12세 이하 유소녀도 301건에 달했고, 14세 이하는 무려 563건에 달했다.

특히 한반도로 동원된 여성의 평균 나이는 13.28세로 더욱 낮았다. 이러한 유소녀 동원은 국제노동기구ILO 최저 나이 노동제한 규정은 물론 1945년 4월 이전에 일본 당국이 스스로 만든 법적 규정에도 위배되는 것이었다. 공장법이 적용된 일본 본토에서는 일본인 유소녀 동원 사례를 찾을 수 없다.

미쓰비시가 2개 기업과 같이 합자해 설립한 조선방직은 어린 조선 소녀들의 희생으로 기계가 돌아간 작업장이었다. 경기, 강원, 경남북, 황해, 평남북도에 10개 공장에서 어린 소녀들이 하루 12시간 이상 일했다.

위원회에서 피해자로 확정된 조선방직 피해자 18명의 동원 당시 평균 연령은 12.4세였다. 사망한 전*연의 사망 당시 나이는 겨우 11세였다. 1944년 8월, 고향인 충남 태안을 떠나 10살 어린 나이에 조선방직 부산공장에 동원된 전*연이 왜 목숨을 잃었는지는 알 수 없다. 제적부에 '범일정 700번지 조선방직 기숙사에서 사망'했다는 기록만 남아 있을 뿐이다.

목숨은 건졌으나 공장 사고로 평생 불구가 된 소녀 2명의 동원 당시 나이도 각각 12세와 13세였다. 12세에 동원된 유*순은 직조기계에 찔려 오른쪽 눈이 실명되었고, 13세에 동원되었던 구*악은 기계에 손가락이 2개 절단된 채 힘겨운 삶을 이어가야 했다.

미쓰비시의 미성년 아동 착취는 소녀에 그치지 않았다. 소년들도 피할 수 없었다. 전남 영암 출신의 문**은 13살 어린 나이에 고향을 떠나 멀리

평안남도 순천의 신창탄갱(미쓰비시가 4개 회사와 함께 설립한 조선무연탄 소속)에 동원되었는데, 2년 만에 막장에서 사고사를 당해 생을 마감했다. 15세에 목숨을 잃은 탄부는 곡괭이 자루를 잡는 것도 버거울 정도의 어린아이였다.

이같이 미쓰비시는 10대 초반 어린 소녀와 소년들의 작은 손으로 탄을 캐고 광목을 짜도록 했으며, 폭격기 부품을 만들게 했다. 한반도와 일본, 사할린과 동남아시아의 작업장에서 조선인들을 부리고, 그렇게 해서 얻은 이득은 계열사를 늘리고 기업을 살찌우는 데 사용했다. 피해자의 아픔은 돌아보지 않았다.

그래서 우리는 요구한다. 인류의 보편적 가치를 생각하자고.

소녀들이 근로정신대로 출발하기 전 찍은 사진(국무총리 소속 대일항쟁기 강제동원위원회 피해조사 및 국외 강제동원희생자 등 지원위원회, 『조각난 그날의 기억』, 2012)

미쓰비시중공업 나고야항공기제작소 오에大江공장 본부. 조선여자근로정신대로 동원된 여학생들을 사진 속의 모습처럼 이곳 정문을 통해 작업장에 배치됐다.

다카시마 갱구에 선명한 미쓰비시 마크(다카시마 석탄자료관)

유네스코 세계유산 미쓰비시 중공업 나가사키 조선소

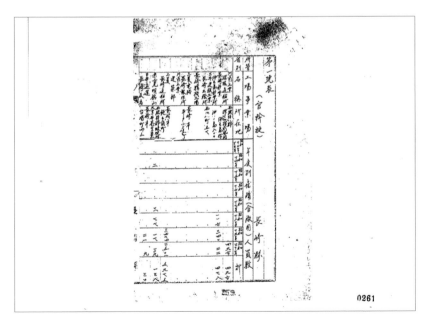

나가사키조선소 조선인 명부(조선인 노동자에 관한 조사 결과)

'메이지明治 일본의 산업혁명유산'이라는 명분으로 유네스코 세계유산에 등재된 하시마端島. '군함도'로 알려져 있다.

참고문헌

자료집 및 연구서, 구술집

국무총리 소속 대일항쟁기 강제동원피해조사 및 국외강제동원희생자등 지
　　원위원회 소장 자료.

국무총리 소속 대일항쟁기 강제동원피해조사 및 국외강제동원희생자 등
　　지원위원회, 『사망기록을 통해 본 하시마탄광 강제동원 조선인 사망피
　　해실태 기초조사』, 2012.

국무총리 소속 대일항쟁기강제동원피해조사 및 국외강제동원 희생자 등
　　지원위원회, 『활동결과보고서』, 2016.

안재성, 『신불산 – 빨치산 구연철 생애사』, 산지니, 2011.

윤지현, 『파도가 지키는 감옥섬』, 선인출판사, 2013.

이배용, 『한국근대광업침탈사연구』, 일조각, 1989.

일제강점하강제동원피해진상규명위원회, 『강제동원진상조사구술자료집
　　– 조선여자근로정신대, 그 경험과 기억』, 2008.

정혜경, 『일제강점기 조선인 강제동원 연표』, 도서출판 선인, 2018.

정혜경, 『아시아태평양전쟁에 동원된 조선의 아이들』, 섬앤섬, 2019.

정혜경, 『일본지역 탄광·광산 조선인 강제동원 실태–미쓰비시(三菱)광
　　업(주) 사도(佐渡)광산을 중심으로–』, 일제강제동원피해자지원재단,
　　2019 (2021.12.20. 일본어판 출간).

『新潟日報』

內務省警保局, 「社會運動の狀況」, 1940년판.

內務省 警保局, 『特高月報』1943년 2월분.

持株會社整理委員會, 『日本財閥とその解體』, 1941.

中央協和會, 『朝鮮人勞務者募集狀況』, 1941.

佐渡鑛業所, 「半島勞務管理ニ就テ」(1943년 6월).

麓三郎, 『增補版佐渡金銀山史話』, 三菱金屬鑛業, 1973.

三菱鑛業セメント株式會社總務部社史編纂室 編, 『三菱鑛業社史』, 1976.

新潟市, 『戰場としての新潟』, 1978.

田中圭一, 『島の自敍傳』, 靜山社, 1982.

津南町 編, 『津南町史』 通史編 下卷, 1985.

樋口雄一, 『協和會』, 社會評論社, 1986.

新潟縣 編, 『新潟縣史－通史編8』, 1988.

兵庫朝鮮關係研究會 編, 『地下工場と朝鮮人強制連行』, 明石書房, 1990.

靜岡縣朝鮮人歷史研究會, 『朝鮮人强制連行の傷跡 － 靜岡縣編 － いやされ 過去』, 1995.

相川町史編纂委員會, 『佐渡相川の歷史 － 通史編, 近現代』, 1995.

(株)TEM研究所, 『佐島金山』, (株)GOLDEN佐島, 2001.

平和教育研究委員会 編, 『新聞などに見る新潟県内韓国朝鮮人の足跡』 平 和教育研究委員会資料シリーズ 第2集, 平和教育研究委員会, 2006.

竹内康人, 『戰時朝鮮人强制勞働調查資料集 － 連行先一覽·全國地圖·死亡者 名簿』, 神戶學生靑年Center出版部, 2007.

佐渡市平和教育委員会世界遺産・文化振興課・新潟縣教育廳文化行政課 編, 『黃金の島を步く』, 佐渡市教育委員会・新潟日報, 2008.

平和教育研究委員会 編, 『新潟縣における韓国・朝鮮人の足跡をたどる』 平 和教育研究委員会資料シリーズ 第2集, 平和教育研究委員会, 2010.

新潟市 編, 『新潟港あゆみ』, 朱鷺新書, 2011.

大野達也 編, 『鉱山をゆく』, イカロス出版株式会社, 2012.

萩野富士夫, 『特高警察』, 岩波新書, 2012.

竹田和夫 編, 『歷史のなかの金·銀·銅』, 勉誠出版, 2013.

五十嵐敬喜 外, 『佐渡金山を世界遺産に』, 株式会社ブックエンド, 2014.

연구 논문

정혜경, 「일제말기 조선인노무자 공탁금 자료, 세 가지」, 『강제동원을 말한다 － 일제강점기 조선인 피징용 노무자 미수금 문제』, 도서출판 선인, 2015.

허광무, 「일제말기 경찰기록으로 본 일본지역 강제동원 조선인노무자의 관리와 단속 – '도주'노무자 수배가 갖는 역사적 의미를 중심으로」, 『한일민족문제연구』 35, 2018.

佐藤泰治, 「新潟縣における朝鮮人勞動者の處遇」, 『魚沼文化』 27, 1978(뒤에 梁泰昊 編, 『朝鮮人强制連行論文集成』, 明石書店], 1993).

佐藤泰治, 「新潟県における朝鮮人労働者 1」, 『新潟県部落史研究』 3, 1980.

佐藤泰治, 「新潟県における朝鮮人労働者 2」, 『新潟県部落史研究』 4, 1981.

佐藤泰治, 「新潟縣における朝鮮人ノート」, 『新潟近代史研究』 3, 1982.

浅野好美·趙公恵, 「日本 帝国主義下の朝鮮人労働者 一県内在住·在日朝鮮人一世の聞き取りを中心に」, 『新潟近代史研究』 3, 1982.

張明秀, 「新潟県在日朝鮮人関係年表」, 『新潟近代史研究』 3, 1982.

林道夫·張明秀, [佐渡相川三菱鑛山に强制連行された「朝鮮人」の調査についての報告]보고서, 1992.

広瀬貞三, 「佐渡鉱山と朝鮮人労働者(1939～1945)」, 『新潟国際情報大学情報文化学部紀要』[人文科学編]3, 2000.

관련 웹사이트

http://e-ono.com/coal/

https://cafe.naver.com/gangje

https://www.sado-goldmine.jp/towards/

저자소개

정혜경 鄭惠瓊

한국학중앙연구원 한국학대학원에서 식민지 시기 재일 한인의 노동 운동사를 주제로 석사와 박사학위를 받았고, 구술사(Oral History)와 기록학(Achival Science) 분야도 공부했다. 전 국무총리 소속 '대일항쟁기 강제동원 피해조사 및 국외 강제동원희생자 등 지원위원회'에서 11년간 조사과장으로 일하며 수 천 명의 피해자들의 경험과 마주했다. 현재 일제강제동원&평화연구회 대표연구위원.

주요 저서로는 『조선민중이체험한 '징용'』(동북아역사재단, 2021), 『반대를 론하다 – '반일종족주의'의 역사부정을 넘어』(공저, 도서출판 선인, 2019), 『아시아태평양전쟁에 동원된 조선의 아이들』(섬앤섬, 2019), 『일본지역 탄광·광산 조선인 강제동원 실태–미쓰비시(三菱) 광업(주)사도(佐渡)광산을 중심으로–』(일제강제동원피해자지원재단, 2019), 『우리지역의 아시아태평양전쟁 유적 활용 – 방안과 사례』(도서출판 선인, 2018) 등이 있다.

허광무 許光茂

일본 히토쓰바시(一橋)대학에서 일본근현대사회경제사를 전공하여 석사와 박사학위를 받았다. 일제강점기 조선인 노동자 문제와 사회정책, 전시기 강제동원문제에 관심이 많으며, 한국인 원폭피해자문제에 대해서도 조사와 연구활동 등을 해 왔다. 전 국무총리 소속 '대일항쟁기 강제동원 피해조사 및 국외 강제동원희생자 등 지원위원회' 조사과장·심사과장 역임. 일제 강제동원&평화연구회 연구위원.

주요 저서로는 『일제강제동원, 정부가 중단한 진상규명』(공저, 선인, 2020), 『반대를 논하다–'친일종족주의'의 역사부정을 넘어』(공저, 선인, 2019), 『일본지역 강제동원 현장을 가다』(선인, 2019), 『강제동원을 말한다: 일제강점기 조선인 피징용 노무자 미수금문제』(공저, 선인, 2015), 『일제 강제동원 Q&A ①』(공저, 선인, 2015) 등이 있다.